천국을 콩나물 시루로 만드는
콩나물 전도법 1

천국을 콩나물
시루로 만드는
콩나물 전도법 1

| 한재섭 목사 |

천국의 동산

| 추천사 |

천성문을 향해 달려가는 기관차

"먼저 그 나라와 의를 구하라 그리하면 이 모든 것을 너희에게 더하시리라."

성숙한 일꾼은 자신이 서 있는 곳에서 무엇을 해야 할지를 알고 살아갑니다. 자신의 사명을 발견하고 사는 사람보다 더 행복한 인생은 없습니다. 그리고 그 사명과 비전을 붙들고 사는 사람들에게 하나님은 프로비전(provision)의 번성을 공급해 주십니다.

한재섭 목사님을 보면 마치 오직 주님만 위하여 쉬지도 않고 천성문을 향해 달려가는 기관차를 보는 것 같습니다.
우리가 보기에도 기쁜데 주님은 얼마나 감격하실까요?
앞만 보고 달려가는 기관차, 주신 체험을 간증하면서 많은 사람들을 주님 앞으로 이끌어가는 그 노고에 정말 깊이 머리 숙여 존경의 인사를 드립니다. 주님은 오늘도 이런 일꾼을 외면하지 않으셔서 귀한 천국의 동산 청지기가 되게 하셨습니다.

하나님의 살아계심이 한재섭 목사님을 통해서 드러나게 하신 주님을 찬양하며, 그 거룩한 도구가 되신 한 목사님의 앞날에서 더 큰 번성의 열매를 보게 되기를 소망합니다. 아울러 제2, 제3의 한재섭 목사님과 같은 일꾼들이 이 책을 읽는 동안 기름부음을 통해서 확실하게 이루어지기를 소망합니다.

―예장통합강남노회장

최성욱(예인교회 목사)

| 추천사 |

자기 사명에 취해 버린 사람입니다

　봄은 확실히 세상 모든 사람들에게 꿈과 희망을 주는 계절입니다.
　밭 갈고 씨 뿌리고 싹이 납니다. 꽃이 아름답게 필 것입니다. 머지않아 탐스런 열매를 얻게 될 것입니다.
　봄은 특히 믿음의 성도들에게 더 없는 은총의 계절입니다. 승리의 계절이요, 축복의 계절입니다. 영광의 계절입니다.
　그 이유는 예수님께서 사망 권세를 이기시고 부활하신 날이 있기 때문입니다. 봄 소식과 함께 전해 온 이 부활의 소식은 암울하고 캄캄하기만 했던 세상에 밝고 찬란한 햇살이 되었습니다.
　온 세상 사람들이 이 소식에 기쁨을 얻었습니다. 새 힘을 얻었습니다. 소망이 넘쳐났습니다. 한없는 행복의 생을 누리게 되었습니다. 저 갈릴리의 바닷가, 예수님의 제자들은 이 소식을 듣고 거리로 뛰쳐나갔습니다. 자신들의 모든 생활을 포기한 채 이 부활의 소식을 전하기 위해서입니다.

여기 소개하고 추천하는 한재섭 목사님이 바로 이런 제자들 중 한 사람입니다. 우선 이분은 제가 알기에 주님을 위해 자기 생업을 포기한 사람입니다.

바로 저 예수님의 제자들과 같은 사람입니다. 주님의 부르심을 받기 전 세상에서 잘 나가던 CEO였던 분입니다. 그러나 이제 주님 때문에 다 던져 버렸습니다. 쉬운 일이 아니었겠으나 마 4:19~22절의 말씀을 그대로 따른 분입니다. 부활하신 주님을 전하는 일에 주저할 수 없기 때문입니다. 그래서 어디든지 복음을 들고 가는 주님의 일꾼이 되셨습니다.

오늘도 "가라, 가서 전하라, 온 천하에 다니면서 복음을 전하라"(막 16:15)는 명령에 순종하는 분입니다. 이 세상 어디나, 작은 교회나 큰 교회나 도시나 산골이나 어디든지 가는 분입니다. 참으로 주님의 지상 명령을 지키는 분입니다(행 1:8). 이로 봐서 이분은 자기 사명에 취해 버린 사람임에 틀림이 없습니다. 주님의 명령이라면 무조건 순종하기 때문입니다. 밤낮을 가리지 않고 쉬지 않고 주신 사명과 영혼 구원을 위해 기도하는 분입니다. 1년 365일 내내 부르는 곳이라면 아무 때나, 어디든지 가서 복음을 전하고 이웃을 위해 봉사합니다.

한 목사님이야말로 주님을 위해 목숨을 내놓은 하나님의 사람입니다. 사도 바울처럼 주님을 위해 교회를 위해 목숨을 내놓은 분이라 할 수 있습니다. 어려움을 당하는 사람들이 있는 곳이라면 주저 없이 달려가는 분이기 때문입니다.

요즘 같은 세상에 많은 목회자들이 편하게 목회하려고 하지만 이분은 자신이 받은 은총이 너무 감사해서 피곤해도 쉬지 않습니다. 이는 바로 자신의 몸을 주님께 바친 자요 교회와 성도들을 위해 몸을 던져 버린 것이 아닌가 합니다. 그러기에 많은 이들의 본이 되는 삶을 살고 있는 것 같습니다. 말 한마디, 행동 하나하나 주님을 닮은 분입니다. 그래서 항상 겸손합니다.

이 세상의 출세나 명예나 재물을 보지 않고 오로지 주님만 바라보고 사는 분입니다. 그는 영혼 구원을 위해 땅 끝까지 복음 전파에만 관심이 있는 분인 듯합니다. 자기 몸을 돌보지 않고 주님의 일에만 전심전력하기 때문입니다.

그래서 그가 가서 주님의 복음이 전파될 때 그곳에 표적이 일어나고 있습니다. 집회 장소마다, 때마다 성령의 역사가 있고 많은 이들이 주님께 헌신을 약속하고 있습니다. 이 간증집에서 독자들이 접하듯이 초대교회 사도들에게 나타난 이적과 표적이 나타나고 있습니다. 이것이야말로 한재섭 목사님이 복음적인 주님의 종이요 주님께 목숨을 맡긴 분이라 증거입니다. 이번에 발간된 간증집을 통해 우리들은 하나님께서 이분과 함께 하시는 비결을 배우게 될 것입니다.

부족한 사람이 이 귀한 간증집을 추천할 수 있게 됨을 감사할 따름입니다. 예수 부활의 계절! 그리고 화창한 봄날인 4월처럼, 한 목사님의 간증집이 우리 모두의 삶에 기쁨이 되고 영혼에 활력소가 될 것이라 믿고 적극 추천하는 바입니다.

―서울 고려신학교 신학대학원 학장
신학박사 홍연표 목사

| 차례 |

추천사 · 4
프롤로그 · 15

Part 1 흐르는 눈물에 감사해 본 적이 있으십니까?

진심이 전도를 짓습니다! · 32
벌거벗고 뛰어다닌 귀신 이야기 · 37
마귀는 혼자 나와 떼로 다시 들어갑니다! · 42
귀신의 정체는 거짓말쟁이! · 45
보이지 않아도 마귀는 있습니다 · 53
병 고침의 비밀은 바로 회개! · 56
흐르는 눈물에 감사해 본 적이 있으십니까? · 62
5개월도 안 된 개척교회의 기적 · 67
하나님, 손이 붙었어요! · 73
천국문 닫습니다! 예배시간 엄수! · 77
교만한 주인이 아니라 충성된 종으로 사십시오 · 81
90분 반 만에 응답받은 유학생! · 87
전도는 하나님의 차리신 밥상에 숟가락 얹기 · 97

Part 2 알코올 중독보다 더 센 예수 중독!

재능? 무릎 꿇지 않으면 교만의 자리가 됩니다! · 102

백만 원을 헌금한 성도! 초등학생 맞습니까? · 106

하나님의 자존심을 세운 배짱 두둑한 교회! · 109

술 도매업하는 장로님 · 113

헌금으로 투기하는 교회는 돌보지 않으십니다 · 117

하나님께서 인구를 늘려서라도 안 해 주시겠습니까? · 120

농촌 교회도 할 수 있습니다 · 124

환자가 나아서 환자를 전도합니다 · 127

30년 간 핍박하던 부모님 예수님 영접 사건! · 130

주의 종은 하나님께 맡깁시다! · 138

전도된 교인이 양육되어 세워야 축복의 종탑입니다! · 143

하늘에서 묻는 첫마디는 너 뭐하다 왔니? · 151

제주도요? 전도하러 왔습니다 · 154

알코올 중독보다 더 센 예수 중독! · 157

**Part 3 기적은 기도하는 사람의 믿음과
회개로 일어납니다**

죽을 병은 예수 믿지 않는 병 외엔 없습니다! · 160

안식일을 지키면 성적도 오릅니다 · 163

귀신이 하나님을 증거합니다 · 166

더블 전도를 아십니까? · 170

하나님은 오늘도 노아를 찾으십니다 · 172

우리 목사님께 기도하시라고 말씀해 주십시오! · 175

저 같은 사람도 고쳐 주실까요? · 178

기적은 기도하는 사람의 믿음과 회개로 일어납니다 · 183

병 고침은 기도하는 사람의 능력이 아닙니다 · 188

교회에 온 보살 집사 이야기 · 191

마귀는 탐욕에 집을 짓습니다 · 195

죽어 봐야 예수님 계신지 아는 거 아닌가요? · 198

삶의 진짜 스펙은 영적 실력입니다 · 202

에필로그 · 207

| 프롤로그 |

나 같은 죄인은 없습니다!

저는 충남 홍성군 서부면 서해안 바닷가에서 12대 독자 집안의 장손으로 태어났습니다. 손이 귀한 집안에서 태어나다 보니 모두들 귀하게만 여겨 버릇이 없이 자랐습니다. 그것이 제 인생의 독이 되었습니다.

어려서부터 친구들이 책가방 들고 학교 다닐 때 저는 그만 일찍이 술 담배를 배웠습니다. 학생 때도 학교에 다니지 않고 싸움질하는 건달로 살았습니다. 정말 창피한 인생이었음을 고백합니다. 그뿐이 아닙니다.

1년 12개월 365일을 하루도 거르지 않고 술을 마셨던 때도 있었습니다. 한 해 평균 10개월 이상을 술취함과 방탕함으로 살았습니다. 결국 심한 알코올 중독으로 오후만 되면 오른손이 심하게 떨리는 수전증 증세로 오랫동안 뜨거운 음식을 못 먹을 정도가 되었습니다.

군대 제대 후 공무원 시험 볼 자격도 되지 않아서 시작한 것이 조경 사업이었습니다. 그 당시 조경 사업은 반 건달 아니면 못하던 시절이었습니다. 말이 조경 사업이지 밤에 남의 산의 나무를 캐다 파는 것이었습니다. 실제로 산에 가서 나무를 캐던 중 산주인이 쫓아오길래 한참 도망가다 돌아서서 주인에게 '죽인다'고 겁을 줬더니 주인이 기겁을 하고 도망간 적도 있습니다. 그 시절, 산에서만 캐왔습니까? 밤에 남의 밭에 몰래 가서 나무를 캐다 팔기도 했습니다. 즉 도둑놈이었습니다. 아니면 싸게 사서 거짓말로 부풀려 비싸게 팔았습니다. 그러니 늘 주머니에는 돈이 두둑해 아주 방탕한 생활을 했습니다.

하루는 친구들이 노름을 가르쳐준다고 했습니다. 저는 싫다고 고개를 가로저었습니다. 친구들이 의아해 했습니다. 그래서 노름은 배우고 싶지 않다고 얘기했습니다. 그 이유는 우리 할아버지께서 바로 그 놀음 때문에 가산을 다 탕진하고 술 취해 나무 그늘 밑에서 주무시다가 돌아가셨기 때문입니다.

하지만 친구들의 유혹은 끈질겼습니다. 장부에 달아 놓고 하면 된다고 하면서 고스톱을 비롯해 온갖 화투놀이를 가르쳐 주었습니다. 워낙 돈도 많고 배짱이 좋아서 친구들이 저보고 천부적인 노름꾼이라고 했습니다. 참 창피한 고백입니다.

1988년 당시 저는 올림픽도 보지 못했습니다. 여기에는 깊은 사연이 있습니다. 전 국민이 올림픽이 열린다고 들떠 온 나라가 축제 분위기였습니다.

구정을 며칠 앞둔 때였습니다. 고향인 홍성에서 집까지 가려면 다시 시골 버스를 타고 들어가야 했습니다. 그런데 조금 일찍 집에 도착하게 되었습니다. 시간이 좀 있다 생각되는 순간, 참새가 방앗간을 지나 가지 못한다고 했던가요, 대낮에 그만 술집에 들어가게 되었습니다. 일제시대 때 지어 놓은 목조 건물로 홍성 시내에서 제일 큰 상가 1층에서 술을 마시고 담배를 꺼냈씁니다. 담배에 불을 붙이고 나서 성냥불을 꺼야 되는데 괜한 심술로 끄지 않은 채 뒤로 던져 버렸습니다.

그런데 다음 순간, 그만 술집 벽에 장식 해 놓은 억새풀에 불이 붙어 삽시간에 건물 전체로 번졌습니다. 그리고 건물 전체가 순식간에 타버렸습니다. 다행히 하나님의 은혜로 사상자는 없었습니다. 하지만 피해는 정말 엄청났습니다.

그 일로 저는 경찰에 구속되어 교도소에 가게 되었습니다. 전 국민이 세계인의 축제 올림픽을 치르느라 열광하고 있을 때 저는 죄값을 치르느라 제 인생의 가장 어두운 감옥에 들어가 있었던 겁니다. 88올림픽! 전 세계에 '코리아'가 처음 알려져 대한민국 국민으로 가장 자랑스러웠던 그 시간에 저는 전과자가 되어 가장 알리기 싫은 인생의 오점을 남겼습니다.

지난 세월을 돌이키면 후회뿐입니다.

철이 없어도 너무 없던 시절, 저는 그렇게 인생의 첫 단추를 잘못 끼웠습니다. 건달로 객지 생활을 할 때입니다. 그날도 술에 취해 집에 들어갔습니다. 그런데 웬 큰 황소가 마당 한켠에 묶여 있었습니다. 마치 황금소로 보였습니다. 속으로 너무 반가워하며 아버지께 물었습니다.

"저게 웬 소예요?"

"소를 내다 팔아서 할아버지가 노름으로 날린 땅을 다시 사려고 한다."

그때 제가 바로 이렇게 얘기했습니다.

"그 돈이 얼마나 된다고……. 무슨 땅을 사시게요? 차라리 그 소를 제게 주세요. 그러면 저 소를 밑천 삼아 하루아침에 가문을 일으키겠습니다. 한 번만 밀어 주세요! 아들을 한번 믿어 보세요!"

아버지는 잠시 주저하시더니 제 말에 속아서 소를 내주셨습니다. 저는 그 소도 팔고 땅 살 돈까지 보태서 모두 다 술을 마셔 버렸습니다. 그런 마당에 어찌 집에 들어갈 수 있겠습니까? 그렇게 몇 년을 밖에서 고생했습니다.

그 후 아버지께서 들어오라고 하시기에 못 이기는 척하고 집으로 다시 들어갔습니다. 하지만 사람이 변하면 얼마나 변하겠습니까? 들어가서 반성하기는커녕 다시 못된 버릇이 도졌습니다.

얼마 후 '집에서 팔아먹을 것이 없을까?' 고민하다가 머리 굴린다는 게 조상 때부터 내려온 선산을 몽땅 팔아먹었습니다. 그리고 집에는 한 푼도 주지 않고 전부 술을 마셔 버렸습니다. 기억이 가물거리긴 하지만 사실 소를 판 돈보다 더 오래 먹고 다닌 것 같습니다. 정말 창피한 이야기입니다.

그런데 이야기가 거기서 끝나지 않습니다. 여전히 정신을 못 차렸던 저는 다시 무얼 팔아먹을 것이 없을까 하고 집안을 뒤지기 시작하였습니다. 그러다 문중에 내려오는 산이 제 눈에 들어왔습니다. 아시겠지만 대개 문중산은 면적이 아주 큰 것이 장점입니다. 저는 더 이상 고민할 필요도, 누가 말릴 사이도 없이 문중산을 팔아먹기로 했습니다. 한마디로 미친 겁니다.

등기부 등본을 떼어 보니 그 산은 일제시대 때는 우리 할아버지 앞으로 단독 등기가 되어 있었습니다. 당시 우리 할아버지가 정말 큰 부자셨던 것 같습니다. 그런데 할아버지가 돌아가시니 문중 어른들이 여러 사람 앞으로 등기를 해놓았습니다. 문중산을 팔아먹기로 작정한 터라 문중 어른들을 찾아가서 따져 물었습니다.

"할아버지 앞으로 되어 있던 산을 왜 문중 어른들 앞으로 등기를 하셨나요?"

"문중산이라 그랬다."

"그러면 우리 아버지와 손자인 저도 넣어 주셔야죠? 왜 저희 가족은 빼고 어르신들 앞으로만 하셨습니까?"

"……."

저는 이미 탐심이 있는 대로 들은 터라 어떻게든 그 땅을 손에 넣기로 작정했습니다. 문중 어른들이 창피하시도록 경찰관하고 합력해서 두 번씩 조사를 받게 했습니다. 다시 세 번째 조사 받으러 들어오라고 하니까 그것만으로도 체면도 있으신 양반들이 '그냥 다 가지고 가라' 면서 포기하셨습니다. 역시 제 계산대로 맞아떨어진 것입니다. 가문이나 체면이 더 중요한 양반들이시니까요.

드디어 등기를 넘겨 받던 날! 그날은 다시 제 술판이 벌어진 날이었습니다. 그 문중산을 순식간에 다 팔아서 몽땅 다 술로 마셔 버렸습니다.

지금도 고향에 가면 한씨들 모여 사는 곳이 있습니다. 하지만 그때 그 사건으로 저는 그곳을 지나지 못합니다. 맞아 죽을까봐 겁이 나서 입니다. 벼룩도 낯이 있지 않겠습니까? 내 집 재산을 날리다 부족해 가문에 대대로 내려오는 문중산까지 빼앗다시피 해서 얻은 뒤 그것마저 다 팔아 술잔치로 날렸으니 어찌 어르신들이 눈을 퍼렇게 뜨고 계신 그 동네 앞을 버젓이 지나갈 수 있겠습니까?

문중 재산이었던 만큼 팔아서 좋은 데 써도 아쉬운 마당에 일부도 아니고 모두 다 술과 방탕과 건달 짓에 썼으니 참으로 부끄러운 일입니다. 그런데 그 당시에는 창피하긴 했어도 정말 그토록 나쁜 짓이었는지는 몰랐습니다.

한번은 휴가를 나왔을 때였습니다. 당시 저희 집에는 작은 배가 한 척 있었습니다. 아버지와 어머니 두 분이 바다에 나가서 고기를 잡아 생활을 하고 있었습니다. 그런데 아버지께서 워낙 인색하셔서 인건비를 아끼시느라 남자들이 해야 할 궂은일을 전부 어머니에게 하도록 하셨습니다. 그날도 휴가를 나와 집에 갔는데 어머니께서 힘든 일을 하고 계셨습니다.

그래서 어머니께 말씀드렸습니다.

"어머니, 좀 쉬세요. 휴가 기간 동안에는 제가 하겠습니다."

그날 아버지와 단 둘이 배를 타고 일을 나가게 되었습니다. 그런 지 2~3일이 지났을 때였습니다. 망망대해 바다 한가운데서 아버지와 둘이 고기를 잡던 중 아버지가 말씀하셨습니다.

"재섭아! 이거 피워라."

뭔가 하고 보니 담배였습니다. 예부터 술이야 아버지에게 배운다지만 하지만 아무리 배운 것이 없기로 어찌 아버지와 맞담배를 피울 수 있겠습니까? 망나니처럼 말입니다. 절대 그 짓만은 말았어야 되는데…… 그런데 담배를 받아 든 순간 저는 그만 아버지가 보시는 데서 버젓이 맞담배를 피우고 말았습니다. 저 같은 인간 쓰레기가 또 있겠습니까?

아버지께서 돌아가시던 날, 그날도 술집에 가서 코가 삐뚤어지도록 마시고 인사불성이 되어 집에 갔더니 아버지는 이미 돌아가신 뒤였습니다.

그런데 제 눈에선 눈물 한 방울도 나오지 않았습니다. 저는 이런 인간입니다. 아버지께서 돌아가셨는데도 눈물 한 방울 흘려 본 적이 없는, 말 그대로 찔러도 피 한 방울 안 나오는 인간이었습니다. 세상에 저보다 더 바닥을 치며 살아온 사람이 있겠습니까? 그 정도로 철저히 추하고 악한 삶을 살아온 저였습니다. 돈으로 즐긴다는 것, 돈으로 가 볼 수 있는 곳, 돈으로 살 수 있는 쾌락이라는 것은 안 해 본 것이 없을 정도로 참으로 더럽고 추악하게 살아온 삶이었습니다.

그러던 어느 날, 이러한 제게 예수님은 그리스도로 찾아 오셨습니다. 현장에서 간음하다 붙잡혀 온 여인에게 "나도 너를 정죄치 아니하노니 이후에는 죄 짓지 말고 살아라" 하신 말씀은 그대로 제게 하신 말씀이었습니다. 그날 이후 날마다 하루하루 그 간음한 여인의 심정이 되어 지금까지 살고 있습니다. 제 인생이지만 만약 제가 예수님이라면 다른 사람들은 다 용서해도 저만은 안 된다고 할 것 같습니다. 세상에서 얼마를 가진들, 얼마를 드린들, 무엇을 드린들, 마지막으로 생명을 거저 드린들 내 죄값을 대신해 십자가 위에서 흘리신 예수님의 그 핏값을 무엇으로 보상할 수 있겠습니까?

지금도 그 생각을 하면 부모님이 돌아가셨을 때도 눈물 한 방울 안 흘리던 제 눈에서 눈물이 예수님 옆구리에서 흐르던 그 핏방울처럼 뚝뚝 떨어집니다. 다른 분들은 몰라도 제가 지은 죄는 도저히 인간의 핏값으로는 사함을 받을 수 없는 것이었습니다. 예수님의 핏값 외엔 그 무엇으로도 씻길 수 없는…….

그런 쓰레기 같은 인생이 예수 그리스도를 만났습니다. 예수 그리스도가 나의 주인이 되신 순간 저는 처음으로 인간으로서 진정한 창피함이 무엇인지 알게 되었습니다. 그리고 내 자신에 대해 참을 수 없이 화가 나는 것을 느꼈습니다. 아무도 내가 그렇게 가치 있는 인간이라고 말해 주지 않았습니다. 아니 그보다 내가 사랑받을 수 있는 존재라는 걸 스스로 믿지 못했었습니다. 마귀는 제 눈과 귀를 가리고 그 사실을 믿을 수 없게 만들어 버렸던 것입니다. 결코 변명하고자 하는 것이 아닙니다. 그때 저는 정말 이 세상에 그 누구도, 심지어 부모님조차도 저를 사랑하신다는 사실을 믿을 수 없었습니다. 믿어지지 않았습니다. 내 스스로도 나를 사랑하지 않고 믿지 못하는데 어떻게 다른 사람의 사랑을 믿을 수 있겠습니까? 그러니 세상에 누구를 믿고 의지할 수 있겠습니까? 한마디로 혼자라고 생각하는 순간 외로웠고 그 외로움을 술로 달래며 살아온 것입니다. 맞습니다. 그렇게 참 불쌍한 삶을 살고 있었습니다.

그러다 한 순간 내 삶에 빛이 비추기 시작했습니다. 추악한 내 모습이 드러날까 두려워 거부하려 했지만 그 빛은 내 손바닥으로 가리기엔 너무 큰 빛이었습니다. 그리고 그 빛 속에서 나를 사랑한다는 목소리가 들려왔습니다. 나는 다 부질없는 일이라고 믿을 수 없다고 소리를 쳤습니다. 하지만 귀를 막고 소리를 치면 칠수록 "내가 너를 사랑한다"는 그 목소리가 그동안 내 속에서 얼마나 간절하게 듣기 원했던 소리인지 비로소 알게 되었습니다.

처음에는 받아들였다가 잘못 들은 소리이면 창피할까 봐, 내 스타일 구길까 봐 자격지심에 거부했습니다. 그리고 머뭇거렸습니다. 그러나 다음 순간, 그 소리가 진짜라는 걸 알았을 때 세상에 태어나 처음으로 어찌할 바를 몰라 당혹스러웠습니다. 마치 세상에 태어나서 생전 처음 '진짜' 라는 걸 뭔지 마주 대한 느낌이었습니다. 이제 어쩌나, 봤으니 못 봤다고도 할 수도 없고, 알아 버렸으니 몰랐다고 할 수도 없고…… 거부할 수 없는 존재감! 양심에 전혀 거리낌없이 얼굴색 하나 변하지 않고 거짓말 잘 하던 그 거짓말쟁이가 차마 거짓말을 할 수 없는 존재와 대면하게 되었을 때 그 당혹스러움이란 차라리 무서웠습니다. 정말 무서웠습니다. 저는 정말 세상에 태어나 무서운 것, 두려운 것은 없었습니다. 죽음조차 가볍게 생각했던 제게 그 존재가 다가온 순간 엄청난 두려움을 느꼈습니다. 정말 대단했습니다. 사랑하면 두려움이 생기나 봅니다. 자기를 진정 사랑하는 존재를 만난다는 게 얼마나 두렵고 떨리는 일인지 그때 비로소 알게 되었습니다.

다음 순간 저는 그 사랑을 받아들일 용기가 없어 다시 두려워졌습니다. 끊임없이 거부하려는 저와 아무 말 없이 그런 나를 바라보시는 그 인자한 눈빛으로 말미암아 저는 그 사랑에 그대로 꺾였습니다. 더 이상 저항할 수 있는 그 무엇도, 거부할 힘도 없었습니다.

이제 그 주님을 위해 살고 있습니다. 세상에서는 도저히 용서 받지 못할 저 같은 이런 인간을 위하여 우리 주님께서 십자가에서 그 모진 고통을 당하시며 찢기시고 상하셨다는 것을 깨달은 순간! 제 삶은 그대로 멈춰 버렸습니다. 어떻게 저 같은 인간을 위해 하나님의 아들인 예수 그리스도께서 돌아가실 수 있습니까? 그것은 불가능한 것이 아니라 그러면 안 되는 일입니다. 그게 제가 살아온 세상에서의 상식입니다. 하나님의 외아들 예수 그리스도가 왜요? 자신을 알지도 못했던 저를 위해서 왜요? 그것 자체가 너무 받아들이기 힘들고 그래서 혹 사실이라 해도 너무 부담스러워 거부하고 싶은 일이었습니다. 하지만 그 믿기지 않을 만큼 말도 안 되는 그 일, 너무 죄송해 절대 일어나면 안되는 그 일을 믿는 게 그분이 십자가에 달려 돌아가시기까지 하시며 그토록 원하시는 일이라는 걸 알게 된 순간 제 머릿속은 하얗게 비어 버렸습니다. 말 그대로 공황상태가 왔습니다.

제가 살아왔던 세상의 원리로는 도저히 설명이 될 수 없는 놀라운 사실이었습니다. 하지만 그 사실을 받아들인 순간, 깨달은 바로 그 순간부터 내 삶은 완전히 달라져 버렸습니다. 그 빛에 이끌려 지금까지와 전혀 다른 삶이 빚어지기 시작했습니다.

이전의 삶이 〈Made in ME〉였다면 이후의 삶은 〈Made in JESUS CHRIST〉로 바뀌었습니다. 그분이 주인 되신 삶은 제 삶을 완전히 바꾸어 놓았습니다. 이후 예수님은 제 삶의 주님이 되셨습니다.

그 후 지금까지 그분의 유언, '땅 끝까지 내 증인이 되라'는 음성을 듣고 예수에 미쳐서 전도하던 중 콩나물 전도왕이 되었습니다. 저 같이 천한 자에게 기름을 부으시어 당신의 종으로 사용하시는 우리 주님을 위해 어찌 제 목숨까지 내놓지 않을 수 있겠습니까?

이 글을 읽으시는 분들 중에 혹 저보다 더 악한 인생을 사신 분이 있으십니까? 무슨 걱정이십니까? 저 같은 인간도 있는데 말입니다.

우울하십니까? 우울해 하지 마십시오. 저 같은 인간도 살려 주신 예수님이 아니십니까? 몰라서 하는 소리라구요? 전혀 가망이 없다구요? 그렇습니까? 하지만 저 같은 자도 종으로 삼아 주시지 않으셨습니까? 힘 내십시오. 힘 내세요! 힘 내셔야 합니다.

지난날 나를 위해 사셨습니까? 단 하루도 주님을 위해 사신 날이 없으십니까? 주님을 위해 살아야 할 날을 도적질하셨나요? 하지만 저만 하시겠습니까? 저 같은 자도 용서하셨지 않습니까? 지난날 간음하셨다구요? 그래서 부끄러우시다구요? 하지만 저 같은 자도 용서하신 예수님 아니십니까? 아주 많은 전과가 있으시다구요? 빌딩 전체를 태운 저만 하시겠습니까? 저를 보세요! 저 같은 행악자도 용서하시지 않았습니까? 술 취함과 방탕함으로 사셨다고요? 저만 하셨겠습니까? 저를 보십시오. 예수님께서는 저 같은 사람도 단숨에 바꾸어 놓으셨지 않습니까? 지금까지의 삶에 후회가 되신다구요? 그러면 저처럼 예수님을 만나 보십시오. 죄가 너무 크시다구요? 주님 앞에 가장 큰 죄는 예수 그리스도를 믿지 않는 것입니다. 그 죄만 아니라면 예수 그리스도께서는 당신의 그 어떤 죄도 다 사하실 수 있는 분입니다. 말 그대로 세상에서 얻지 못한, 단 한 번도 느껴 보지 못한 진정한 기쁨을 주는 분이 바로 우리 예수님이십니다.

우리 하나님은 지난날의 일을 절대로 묻지 않으십니다.

저같이 천한 자를 통하여 예수 그리스도가 행하시는 일을 들으셨습니까? 직접 보셨습니까? 말 못하는 벙어리의 입을 열고 눈먼 자를 보게 하고, 앉은뱅이를 뛰게 하고 중풍병자를 걷게 합니다. 말이 됩니까? 그뿐이 아닙니다. 불치병인 암환자를 저 같은 미천한 자를 통해 낫게 하시는 주님을 보십시오. 날마다 도저히 엄두조차 낼 수 없는 이 고귀한 일에 저같이 천한 자를 써 주시는 예수님의 은혜를 보십시오. 어찌 날마다 그분을 높이높이 찬양하며 늘 그분 앞에 무릎을 꿇지 않을 수 있겠습니까? 어찌 기도 드리지 않을 수 있겠습니까? 할렐루야!!

그러면 왜 저같이 천한 자에게 기름을 부으셨을까요?

그 이유는 하나님께서 저에게 주신 꿈이 있기 때문입니다. 그리고 하루하루 그 꿈을 위해 걸어가고 있기 때문입니다. 제 꿈은 65세 이상 된 노인 1,000명에게 예수님 믿는 조건 하나만으로 매일 식사를 제공해 드리는 비전이 있기 때문입니다. 하나님을 만나는 순간, 제 인생의 목표는 바뀌었습니다. 이전에는 저를 기쁘게 하는 일에 시간을 팔아먹었습니다. 하지만 주님을 만난 후 이제는 주님이 그토록 원하시고 맡겨 주신 일을 위해 죽기까지 충성을 다하려고 합니다. 바로 어르신들께서 식사하러 갈 때 찬양 부르고 식사하고 나오실 때 찬양을 부르도록 하는 일입니다. 하나님께서 저에게 많은 노인분들의 영혼을 구원하는 일에 사명을 주셔서 〈천국의 동산〉이라는 곳을 설계하고 있습니다. 야생화 단지를 지나 식물원을 나오면 인공폭포가 흐르고 그 물줄기 아래 시원한 갈대숲이 있습니다. 그 앞에 공원을 만들고 건물을 지어 세상에 오갈 데 없는 노인들을 섬기며 효(孝) 실습 코스로서 학생들이 이곳에서 봉사활

동을 하는 꿈을 꾸고 있습니다. 그리스도인들이 정말 빛도 없이 이름도 없이 섬기는 모습이 세상에 소문이 나면 우리 예수님께서 큰 영광 받으시지 않을까 합니다.

지금도 많은 기도의 동역자들이 계시지만 이 글을 읽으신다면 미천한 종인 저를 위해 중보 기도 부탁드립니다. 꼭 함께 기도해 주시리라 믿습니다. 주님 안에서 다시 한 번 진심으로 사랑합니다. 무릎으로 섬기는 일에 죽도록 충성하겠습니다. 예수 그리스도의 이름으로 여러분을 사랑합니다.

―천국의 동산 청지기
한재섭 목사

Part 1

흐르는 눈물에
감사해 본 적이 있으십니까

진심이 전도를 짓습니다!

2012년 1월 인천 부평의 한 교회에서 신년 부흥회를 가졌다.

이 교회는 작년에 이어 두 번째 집회였다. 성도님들의 사모함이 아주 인상적인 집회였다. 교회에 도착했을 때 마치 엘리야를 대접하듯 극진히 정성을 다하는 것이 느껴졌다. 여선교회 총회장 권사님이란 분이 계셨는데 매 시간 지극 정성으로 대접하시는 게 아닌가? 마음속으로부터 감동이 느껴졌다.

성경 열왕기상 17장에 보면 다음과 같은 이야기가 나온다.

하나님께서 로뎀 나무 그늘에서 쉬고 있던 엘리야에게 사르밧 과부에게로 가라고 말씀하신다. 엘리야가 사르밧 과부에게로 가니 그 과부는 가루 한 움큼 남은 것을 가지고 자식하고 떡을 해 먹고 죽으려 하고 있었다. 엘리야는 그 과부에게 그 가루로 떡을 하여 내게 먼저 가져오라고 한다. 그 과부는 그 말씀에 순종했고 그 결과 3년 6개월 동안 가루가 마르지 않는 가루통, 곧 물질의 축복을 받았다.

집회를 끝내고 식사 자리에 앉았을 때 권사님께 여쭤 보았다.
"권사님, 무슨 은혜를 받기 원하세요?"
그러자 부끄러운 듯 나지막한 목소리로 권사님께서 대답하셨다.
"예, 부끄럽게도 저는 아직도 방언을 할 줄 모릅니다. 이번 집회를 통하여 방언을 받기를 사모합니다."
"그래요? 우리 권사님 이번에 수지 맞으셨네요! 맨 앞자리에 앉으셔서 은혜 받으세요. 반드시 방언의 은사를 주실 줄 믿습니다."

집회가 열리는 기간 내내 총회장 권사님은 정말 꼬박꼬박 맨 앞자리에 나와 아이처럼 순종하셨다. 집회 기간이 끝나갈 무렵, 새벽 집회를 마치고 숙소에 들어왔는데 문자가 하나 왔다.
'드디어 오늘 새벽 제가 방언을 받았습니다. 너무도 뜨겁게 받아 얼마나 좋은지! 새벽이지만 너무 기쁜 마음에 문자 드립니다. 감사합니다. 너무 좋습니다.'
문자를 보고 있자니 마치 아이처럼 좋아하시는 권사님 모습이 눈에 선했다.

그 교회에는 큰 사업을 하시는 장로님이 계셨다.
극동방송에서 간증을 들으시고 담임 목사님께 말씀드려 이번 집회에 나를 초청한 분이셨다. 이 장로님은 식사 대접은 물론이고 집회가 끝나면 숙소까지 나를 태워다 주셨다. 차로 이동하는 동안 장로님은 집회에 참석하여 체험한 기적을 이야기했다.

"강사님 말씀대로 순종했습니다. 첫날부터 마지막 날까지 맨 앞자리에 앉아 말씀을 사모하면 기도제목이 이뤄지는 기적을 체험할 거라 하셨지요? 맞습니다. 강사님 말씀을 하나님 말씀처럼 들으며 꼬박꼬박 새벽기도도 빼먹지 않고 예배에 참석하고 있었습니다. 그런데 갑자기 전화가 왔습니다. 집회 중에 말입니다. 무려 두 군데서 납품을 해 달라구요! 요즘 같은 불경기에 기적 같은 일이죠. 상식적으로는 도저히 불가능한 일입니다. 정말 하나님이 하신 일이죠. 저는 하나님이 기뻐하시는 일을 한다는 것이 이런 것인 줄 몰랐습니다. 이렇게 빨리 응답이 올지! 하하하! 할렐루야!"

그분이 전화를 받고 할렐루야를 연발하며 눈물 흘리시는 모습이 눈에 선했다. 그리고 집회 마지막 날, 장로님께서 다시 문자를 주셨다.

'부족한 저도 집회 중 방언을 받았습니다. 하루를 여는 새벽에 모든 일을 기도로 아뢰고 시작하니 더욱 더 기쁩니다. 강사님을 다시 한번 뵐 수 있으면 좋겠습니다. 할렐루야!'

새벽마다 성도님들의 기도 소리로 온 교회가 가득 차니 온몸이 성령의 불길로 뜨거워서 견딜 수 없다고 하셨다. 주님! 감사합니다.

'콩나물 전도법'의 특징은 간단하다. 바로 새벽기도 부흥운동과 기도 회복운동이다. 집회 시간 중 새벽기도 때에는 평상시보다 4~5

배 많은 성도님들이 참석한다.

집회 중에 알코올 중독자 두 분이 술을 마시고 참석하셨다. 한 분은 환갑이 넘은 여자분이셨다. 가족이 어떻게 되시느냐고 여쭈니 혼자 사신다고 하셨다. 겉으로는 밝은 표정을 짓고 계셨지만 얼굴 한 구석에는 어두운 그늘이 역력했다. 그분께 매일매일 빠짐없이 참석하시라고 권해 드렸다. 그분은 고개를 끄덕이셨다.

며칠 후, 드디어 집회 중에 배운 전도법을 실습하는 날이었다. 멀리서 구호를 외치는 아주머니 한 분이 보였다. 자세히 보니 바로 집회 중에 오셨던 그 알코올 중독자 중 한 분이셨다. 집회 기간 중에 처음 교회에 출석한 분이 은혜를 받아 구호를 외치고 전도지를 나눠 주는 것이다. 그 모습을 멀리서 보고 있자니 눈물이 났다. 우리 하나님 아버지께서 얼마나 기뻐하실까?

공원 의자에 그분과 둘이 앉았다. 그분에게 복음을 제시하고 영접시켰다. 잠시 후 얼마나 큰 소리를 내며 우시던지……. 그리고는 눈물을 닦으시면서 감사하다고 하셨다. 실습을 마치고 열린 집회 때 그 아주머니에게 교인들 앞에서 간증하시라고 말씀드렸다. 그날 이후 그분은 정식으로 교회에 등록하셨다. 알코올 대신 성령에 취한 성도로 변화된 것이다. 할렐루야! 하나님이 하시면 가능하다. 진심으로 상대를 향한 긍휼한 마음이 있을 때 전도는 하나님이 하신다. 우리는 하나님이 하실 수 있게 다리만 되어 드리면 된다.

한 유명 아파트 광고에 '진심으로 짓는다'는 카피가 있었다. 진심으로 짓는 게 어찌 아파트뿐이랴? 전도야말로 진심으로만이 가능하다. 진심만이 전도를 짓는다. 할렐루야!

벌거벗고 뛰어다닌 귀신 이야기

집회를 하다 보면 별별 일이 다 있다.

한번은 새벽 치유집회가 한창 중이었는데 갑자기 사십대 중반쯤 돼 보이는 여자분이 뛰어 다니기 시작했다. 깜짝 놀라 고개를 들고 보니 옷을 다 벗고 벌거벗은 채 뛰어다니시는 게 아닌가! 불쌍한 마음이 들었다. 기도를 하는데 그분 마음의 상처가 느껴졌다. 얼마나 많은 상처가 곪아 있는지 그 속에 미움과 용서 못함, 분함, 저주 등 참으로 많은 귀신이 들어 있었다. 귀신의 종류는 참 다양하다. 정말 별별 귀신이 다 있다.

담임 목사님께서 그분을 옷을 입혀 앞으로 데리고 오셨다. 나는 그 여인의 눈을 쳐다보고 명했다.

"이 딸은 하나님께서 십자가에 못 박혀 피 흘려 구원하신 귀한 딸이다. 나사렛 예수의 이름으로 명하노니, 더러운 마귀야! 그 속에서 나와! 그 딸에게서 나와!"

마이크 두 개 중 하나는 내가 잡고 다른 하나는 그 여인에게 향해 있었다. 전 교인은 이원 생방송으로 단상에서 벌어지는 대화를 듣고 있었다. 내가 한 마디 하면 귀신이 한 마디 하고, 내가 다시 예수 그리스도 이름으로 선포하면 귀신이 대적했다. 내가 여인에게 그동안 용서하지 못한 것, 저주하고 분을 품었던 것을 하나님께 회개하라고 말했다. 한 두 마디 말로 회개하던 여자는 시간이 흐르면서 온몸을 뒹굴며 회개하기 시작했다. 그러자 처음에는 완강하게 거부했던 마귀가 드디어 싹싹 빌기 시작했다. 그리고 마지막으로 속에 들어 있는 온갖 오물을 강대상에 쏟아놓고 마귀는 여인의 몸에서 나갔다. 마귀는 말 그대로 더러운 존재다. 마귀는 더럽다. 그 이름값대로 더러운 마귀가 뱉어낸 오물을 여러 차례 휴지로 닦아 냈고, 성령의 역사는 계속됐다. 결국 집회가 끝나갈 즈음 하나님께서는 그 여인을 깨끗이 치료하셨고 그 간증에 성도들은 뜨거운 은혜를 받았다. 할렐루야!

귀신이 역사하는 루트(길)는 딱 하나다. 분을 풀지 않고 악한 감정을 품고 있을 때 역사한다. 바로 지금이 아니어도 숨어 있다가 언젠가는 반드시 역사한다. 단순한 미움에서 시작했더라도 시간이 갈수록 생각해 보면 자꾸 화가 나는 걸 경험해 본 적이 있는가? 점차 화가 치솟다가 결국 상대를 향한 저주와 죽음으로까지 발전한다. 미움은 반드시 마귀가 거할 처소로 쓰인다. 따라서 빌미를 주지 않는 것이 상책이다. '나는 그런 건 얼마든지 이겨 낼 수 있다'고 말하지 마라!

그것은 교만이다. 그 미움을 자기 힘으로 내려놓을 수 있는 인간은 아무도 없다. 하나님께 도움을 청해야 한다. 다시 말하면 하나님 앞에 회개로만, 회개를 통해 하나님 손을 잡는 것으로만 그 분노를 내려놓을 수 있다. 다 해결한 것 같아도 언젠가는 다시 올라온다. 더 강하거나 더 약할 뿐, 감정은 그대로 저 바닥에 남아 있는 것이다. 그러므로 '나는 다르다'고 하지 마라! '나는 그런 문제 정도는 너그럽게 넘길 수 있다'고 말하지 마라! 인간은 누구나 똑같다. 시간 차이만 있을 뿐, 인간은 다 똑같다. 그래서 성경에서 예수님께서는 하루가 지나도록 분을 품지 말라고 하지 않으셨던가. 용서하지 못하는 것은 인간의 본성이다. 예수님께서 도와주시지 않으면 분은 절대 사 그러들지 않는다.

이 여인도 그렇게 분을 키워 간 것이다. 미움은 저주를 불러들이고 저주는 다시 분노를 부르고 그렇게 계속 어두운 영들을 불러들여 결국 자신도 어찌할 수 없는 지경에까지 오게 된 것이다. 하나님은 우리의 생명을 위해 귀한 성자의 몸으로 우리를 대신해 피를 흘려 죽으셨다. 마귀는 정반대다. 마귀가 원하는 것은 우리를 죽음에 이르게 하는 것이다. 병들게 하고 미워하게 하고 결국 죽게 하는 것이다. 그렇게 당하는 자녀를 보는 하나님의 마음은 어떠실까?

마귀는 절대 하나님을 직접 대적할 수 없다. 상대도 되지 않는다. 그래서 대신 하나님께서 사랑하시는 자녀인 우리를 괴롭힌다. 흔히 영화에서도 주인공과 직접 상대가 안 되면 그 가족이나 사랑하는 애인을 볼모 삼아 괴롭히지 않던가? 그 이치와 꼭 같다. 자기 외아들을 보내 핏값을 치를 만큼 귀하게 여기시는 하나님의 자녀된 우리를 죽음으로 몰아넣는다. 그렇게 함으로써 마귀가 노리는 것은 바로 하나님의 마음을 아프게 하는 것이다. 자녀를 괴롭힘으로써 바로 아버지인 하나님의 마음을 아프고 상하게 하는 것이다.

일찍이 하나님은 사탄의 계략을 알고 계셨다. 인간 스스로는 이 궤계를 멸할 수 없음을 이미 알고 계셨다. 우리는 하나님의 손을 붙들기만 하면 되는 것이다. 기도로 말씀으로 헤치고 나아가면 되는 것이다.

여기서 마귀가 우리를 공격하는 이유는 간단하다. 하나님을 상대할 수는 없는 사탄은 대신 하나님이 생명처럼 여기시는, 그 자녀가 된 약한 인간을 통해 하나님께 대적해 보겠다는 것이다. 약한 인간을 통해 이 땅 위에 세우실 하나님의 나라를 훼방하고 이 세상을 자신이 통치하겠다는 것이다. 사탄의 전략을 꿰뚫어보신 하나님께서는 인간 혼자의 힘만으로는 스스로 사탄을 이길 수 없음을 아셨다. 그래서 자신의 목숨보다 더 귀한 외아들을 이 땅에 보내 우리 대신 십자가에 달려 죽게 하셨다. 30년을 인간의 육신을 입게 하시고, 다시 3년 간 길이요, 진리요, 생명이 되는 복음을 전하는 공생의 삶을 살게 하셨다.

아들 되신 예수님은 잡혀 죽기 전날 밤, 처음으로 하나님을 "아빠"라고 부르며 "살려 달라"고 땀방울이 핏방울이 되도록 간구한다. 그러나 "나의 뜻대로 마옵시고 아버지의 뜻대로 하시라!" 말씀하신다. 하나님은 인간을 위해 그 아들에게 죄인된 인간의 옷을 입히시고 죄인을 만드셨다. 그리고 단 하나밖에 없는 아들을 가장 고통스러운 십자가에 못 박으셨다. 아버지라 부르던 장성한 아들이 난생 처음으로 "아빠"라고 부르며 그토록 "살려 달라" 밤이 새도록, 땀이 피가 되도록 간구하는 아들을 예정대로 십자가에 못 박으셨다. 바로 우리를 위해서다. 그리고 성경에 예정된 말씀을 이루어 가신다.

이 사랑을 다 이해할 수 있다면 그건 거짓말이다. 자신이 죽는 것이 단 하나밖에 없는 아들을 십자가에 못 박으시는 것보다 오히려 쉬우셨으리라. 그보다 몇 십만 배 아니, 더 상상할 수도 없을 만큼 고통스런 사랑을 실천하신 이가 우리를 위해 무엇을 못하시겠는가? 예정된 말씀을 이루시기 위해 외아들을 십자가에 못 박기까지 하신 분이 성경에 남기신 말씀을 반드시 이루실 것은 분명하다.

"그는 실로 우리의 질고를 지고 우리의 슬픔을 당하였거늘 우리는 생각하기를 그는 징벌을 받아 하나님께 맞으며 고난을 당한다 하였노라 그가 찔림은 우리의 허물을 인함이요 그가 상함은 우리의 죄악 때문이라 그가 징계를 받으므로 우리는 평화를 누리고 그가 채찍에 맞으므로 우리는 나음을 입었도다." (이사야 53장)

마귀는 혼자 나와 떼로 다시 들어갑니다!

집회 기간 동안 여러 가지 광경을 벽 뒤에서 숨어 지켜보던 알코올 중독자가 한 명 있었다. 그 사이 하나님은 정신분열증 환자, 당뇨 합병증 환자, 만성 허리 통증 등 많은 환자를 고쳐 주셨다. 하나님이 행하신 일을 처음부터 끝까지 지켜보던 알코올 중독자는 멈칫 하더니 이윽고 앞으로 걸어 나왔다.

"10년 동안 단 하루도 술 없이 산 적이 없습니다. 잘못했습니다. 이제 술 끊고 하나님의 일꾼이 되겠습니다. 용서해 주십시오. 그분이 기뻐하시는 자녀가 되겠습니다."

세수도 못한 더러운 얼굴엔 때 구정물과 같은 눈물이 흘렀다. 뜨거운 회개의 눈물이었다. 눈물은 더러워진 얼굴 위로 흘러 길을 냈다. 생수의 강이 새롭게 흘렀다. 마치 예전의 나 자신을 보는 것 같았다. 잠시 울컥하더니 마음 저 밑바닥으로부터 뜨겁게 치밀어 오르는 것이 있었다. 바로 하나님의 감동이었다. 그렇다. 말씀 그대로 예수님의 권세는 말에 있지 않고 능력에 있다. 현장에서 귀신이 나가는 모습은 실제 귀신이 '예수님' 그 이름 권세에 눌려 쫓겨 나가는 모습이다.

병도 마찬가지다. 병명이 없는 병이나 의사가 치료하지 못하는 병을 치료하는 역사도 마찬가지다. 귀신을 내쫓는 것은 사람의 권세가 아니다. 주 예수 그리스도의 권세가 믿음을 갖고 예수 그리스도의 이름으로 귀신을 내쫓는 종과 죄를 회개하는 자에게 임하는 것이다.

마귀를 내쫓는 것보다 더 중요한 것은 마귀가 다시 들어가지 못하게 하는 것이다. 마귀는 내쫓긴 집에 언제든 다시 들어가려 항상 기회를 엿본다. 청소해 놓은 집에 다시 들어가 자리 잡으려 한다. 그게 마귀의 속성이다. 중요한 것은 마귀가 나갔다가 다시 들어갈 때는 여러 마귀를 같이 데리고 들어간다는 것이다. 실제 성경에도 나와 있다. 혼자 나왔다 다시 일곱 마귀를 데리고 들어가는 예화가 있지 않은가? 말씀은 단순히 글이 아니다. 말씀은 살아 운동력이 있고 좌우 그 어떤 날 선 검보다도 예리하며 골수를 쪼개기까지 한다. 하나님 자신은 스스로 하신 말씀을 이루시기 위해 아들을 희생하기까지 하셨다. 말씀은 반드시 성취되며 이루어진다. 이는 큰 위로와 더불어 한편으로 두렵고 떨리는 사실이 아닐 수 없다.

마지막 날 저녁 집회 시간, 50~60명이 동시에 방언의 은사를 받았다. 교회는 성령의 도가니였다. 그중에는 초등학교 1학년 아이들도 있었다. 어린아이들이 방언을 받아 눈물 콧물을 흘리며 기도 드리는 모습은 말 그대로 초대교회 역사처럼 감동적이었다.

   성경에 보면 마지막 때 하나님 나라를 세울 일꾼들에게 성령을 부어 주신다고 했다. 우리의 힘으로는 도저히 사탄의 궤계를 쳐부술 수 없는 걸 아시기 때문이다. 한마디로 역부족이다. 그래서 반드시 성령의 검으로 사탄의 궤계를 부수어야 한다. 하나님의 말씀을 믿지 못하게 하고 거짓말로 하나님의 자녀를 지옥으로 데려가는 사탄을 쳐부숴야 한다. 이 무기가 말씀을 통한 성령으로의 무장이다. 하나님께서는 마지막 때 성령을 부어 주신다고 했다. 만약 성령을 절제하고 인정치 아니하면 아무런 역사도 일어나지 않는다. 최고의 참고서를 갖고 있는 것만으로 성적이 오르는 것이 아니다. 죽은 고목나무에서 어떻게 꽃이 피겠는가? 믿음으로만, 성령의 사모함으로만 하나님의 역사를 이룰 수 있다. 할렐루야!

귀신의 정체는 거짓말쟁이!

인천 부평구의 한 교회에서 있었던 일이다.

첫 집회를 앞두고 집회를 할 교회와 성령의 역사를 위해 5, 6시간 눈물 콧물을 흘리며 기도했다. 기도 후에 아침식사를 막 마치고 일어서려는데 갑자기 전화벨이 울렸다. 받아 보니 바로 집회를 갈 교회의 담임 목사님이셨다.

"아, 많이 바쁘시죠? 강사님, 다름이 아니라 저희가 얼마 전 중국 단기선교를 갔다 왔는데요, 성도들이 너무 피로할 거 같아서요……. 갑자기 죄송한데 집회 일정을 조금 조정하면 어떨까요?"

전화를 받는 동안 나는 속으로 계속 기도 드렸다. 그런데 아무래도 마음이 편치 않았다.

"그러시군요. 아마 목사님께서 사랑하는 성도님들을 생각해서 하시는 말씀같은데…… 제가 느끼기에는 이번 집회는 그냥 예정대로 하시는 게 어떨까 싶네요?"

"아, 그렇군요. 여부가 있겠습니까? 기도 많이 하시는 강사님인데. 만약 강사님께서 그러시다면 당연히 그렇게 해야지요! 알겠습니다. 더욱 기대가 됩니다."

그 담임 목사님께서는 평소 강대상 앞에서 맨바닥에 무릎 꿇고 간절히 기도하는 분이었다. 아슬아슬하게 잡힌 집회 덕분에 더 기대가 되었다.

드디어 집회 당일.

담임 목사님께서 김OO라는 젊은 여자 집사님이 폐암 말기로 고통받고 있다고 하셨다. 평소 늘 찬양을 부르는 모습이 많은 이들에게 감동을 주는 집사님이셨다. 이번 집회를 통해 하나님께서 고쳐 주시길 기대한다고 하셨다. 기도 중에 이번에 하나님께서 그분을 고쳐 주시면 많은 분들이 일꾼이 될 것이라는 감동이 왔다. 동시에 교회가 큰 전환점이 되어서 크게 부흥할 것이라는 확신이 생겼다. 거룩한 부담의 감동이 밀려 왔다.

집회 시작 전, 김OO 집사가 어디 계시냐고 물었다. 그분이 손을 들기에 맨 앞자리로 나와서 앉으시라고 했다. 그리고 하나님께서 이번에 반드시 고쳐 주실 거라고 믿으라고 선포했다. 고쳐 주시면 꼭 새벽에 나와 기도 드리고 병든 자를 위하여 전도하리라고 믿으면 반드시 치료되실 것이라고 말했다.

첫날부터 김OO 집사님은 남편과 함께 나왔다. 그리고 내가 말한 대로 맨 앞자리에 앉아서 은혜를 받기 시작했다. 다음 날 새벽, 그 집사님을 위해 뜨겁게 기도 드리던 중 감동이 왔다. 그동안 김 집사님에게 나쁜 영, 곧 마귀가 들어가서 병이 악화되었다는 걸 영적으로 알 수 있었다. 센 마귀가 여러 마리 들어간 것 같았다. 마귀를 많이 대적하다 보니 보기만 해도 쫓겨 나가는 마귀가 있는가 하면 아주 센 마귀는 한 번에 나가지 않고 여러 차례에 걸쳐 나간다. 그런데 김 집사님에게 들어간 마귀는 보통 센 놈이 아니었다. 말 그대로 악질이었다. 새벽이라 성도들의 출근 시간 때문에 완전히 쫓기에는 시간이 짧았다. 저녁 예배 때는 아주 뿌리를 뽑으리라 마음먹고 일단 돌려보냈다. 성도들이 직접 체험해야 교회 부흥의 계기가 되기 때문이었다.

낮에 쉬고 있는데 전화벨이 울렸다. 담임 목사님에게 온 전화였다.

"강사님, 김00 집사에게 전화가 왔는데 통증이 너무 심하대요. 약을 먹어도 괜찮을까요? 어떻게 할까요?"

"죽기를 각오하고 약을 먹지 말라고 하세요! 그건 병과의 싸움이 아니라 믿음의 시험이에요. 대신 기도와 찬양으로 오후 예배까지 참고 있다가 오시라고 해 주세요."

담임 목사님은 김00 집사의 증상이 영적 이유 때문인지 모르시는 것 같았다. 마귀 때문에 그러는지는 모르고 그저 폐암 증세가 악화돼서 그러려니 하신 것이다. 마귀는 김 집사님이 유혹에 넘어가도록 아픈 곳을 쥐어 짜고 있었다. 치료 받고자 하는 분의 믿음이 없으면, 기도하는 사람의 치유 기도만으로는 절대 나을 수 없다는 걸 마귀는 이미 알고 있었다. 그래서 통증을 견딜 수 없도록 약으로 유혹하는 것이다. 기도 받기 전 다시 자기 뜻대로 하려고 상처를 쥐어 짜는 것이다.

드디어 오후 예배가 끝나고 치유집회 시간, 결전의 시간이 다가왔다. 믿음으로 성도들과 한 마음이 되어 기도했다. 잠시 후 귀신이 발발 떨더니 무섭다고 했다. 그러더니 갑자기 담임 목사님께 침을 확 뱉어 버리는 것이 아닌가? 더럽고도 고약한 마귀였다.

살아 역사하시는 하나님을 체험하도록 마이크를 통해 성도들에게 대화 내용이 생중계되었다.

"나사렛 예수의 이름으로 명하노니, 더러운 마귀야, 그 안에서 썩 나와!"

"싫어."

"나사렛 예수 이름으로 명하노니, 더러운 마귀야, 썩 나올지어다."

"못 나가. 싫어. 나 어디로 가!"

마귀가 김 집사를 통해 나를 쳐다보며 말했다.

"무서워. 나 무서워. 갈 데가 없어."

그런데 잠시 후 김 집사가 자꾸 눈을 감으려 했다. 마귀가 눈을 마주치지 않으려는 수작이었다. 보혜사 성령님의 능력이 눈빛을 통해서도 역사하시기 때문이다. 내가 눈을 쳐다보니 무서워서 벌벌 떨더니 눈을 딱 감아 버렸다. 나는 김 집사의 눈을 양손으로 벌리고 대적했다. 참으로 온 기운을 다해야 하는 질기고 지루한 싸움이었다.

"더러운 마귀야! 이제 빨리 나와라!"

"못 나가! 싫어! 나 갈 데가 없어."

"나사렛 예수 이름으로 명하노니, 더러운 마귀야, 썩 나와! 물러가라!"

"아이, 무서워. 그래! 그래! 나갈게. 그래! 진짜 나갈게. 못 믿겠으면 새끼손가락 걸자."

그러더니 마귀가 손가락을 내미는 것이 아닌가? 많은 마귀를 만났지만 손가락 걸자는 마귀는 처음이었다. 손을 내밀어 새끼손가락을 걸자 마귀가 씨이익 하고 웃었다. 다음 순간 물었다.

"너 그 안에서 나왔니?"

그랬더니 "아니" 하는 것이 아닌가.

아뿔사! 도대체 믿을 걸 믿어야지! 그렇게 많은 마귀를 만나고도 마귀의 실체는 '거짓'이라는 사실을 잠시 깜박했던 것이다. 이런 지경에서도 거짓말을 하고 속이니 역시 마귀는 마귀였다. 마귀가 하도 무서우니까 자기 본성대로 거짓말을 한 것이다.

다음 순간 나는 젖 먹던 힘까지 다해 선포했다.

"더러운 귀신아, 예수 이름으로 명하노니 썩 나갈지어다!"

귀신이 무서워 떨면서 대답했다.

"그래, 나갈게. 그런데 나갈 데가 없어. 나 어디로 갈까?"

그러더니 김 집사가 나를 보며 마귀 목소리로 말했다.

"우리 아버지한테 들어가면 안 될까?"

"안 돼! 썩 나와!"

역시 마귀는 마귀이다. 어떻게 자기 아버지에게 들어간다고 할까?

마귀는 인간을 파멸시키고, 믿는 자도 실족케 하는 것이 그 본성이다. 성경 말씀 그대로였다. 악하다 못해 자기 아버지에게 들어가겠다니! 말도 안 되는 소리를!

"그럼 나…… 산으로 가면 안 될까?"

이미 몇 시간 대적한 뒤라 너무 힘들어서 대답했다.

"그래, 그럼 그렇게 해."

그랬더니 잠시 후 마귀는 김 집사를 실신시키고 나가 버렸다.

지쳐서 다리에 힘이 쭉 빠졌다. 귀신이 나가자 지금까지 이 광경을 지켜보던 성도들은 모두 일어나 춤을 추며 승리 만세 삼창을 했다.

"살아계신 하나님께서 영광을!(박수) 살아계신 예수님께 영광을!(박수) 예수님 사랑합니다!(박수)"

집회는 예상대로 큰 은혜가 넘쳤다. 담임 목사님께서 중국 선교 중 북한 간부들에게 축구선교를 통하여 말씀이 기록된 부채를 전달하셨다고 했다. 북한에서는 실제로 어떤 사람이 자기 자식을 잡아서 삶아 놓고 이웃집에 소금을 얻으러 갔다가 들통이 나서 붙잡혔다는 말을 들었다고 하셨다. 김일성, 김정일이라는 우상을 섬기는 죄가 하나님 앞에 얼마나 크고 무서운 일인지 하나님의 진노를 실감할 수 있었다.

집회 기간 중, 목사님과 식사 자리에 머리를 반듯하게 깎은 성도님 한 분이 함께했다. 머리가 반듯하다 못해 낯선 모습이었다. 마치 내가 예전에 많이 모셨던 깍두기 형님 중 한 분 같았다. 아니나 다를까, 식사 중에 목사님께서 그분이 변화받기 이전엔 조폭이었다고 말씀하셨다. 교회 나온 지 8개월 된 성도라고 했다. 이야기 중에도 그들 세계에서 쓰는 용어들이 툭툭 튀어나왔다.

"성도님, 이번 성회를 통하여 꼭 은혜 받으세요! 하나님과 의리를 지키시면 대박입니다. 반드시 좋은 일이 일어납니다!"

"아멘! 그런데 선생님, 저는 솔직히 아직도 왜 예수를 믿어야 하는지 모르겠습다. 뭐랄까, 눈으로 보지 않고 하나님이 살아계신 걸 직접 체험하기 전에는 도저히 믿을 수 없는 거라요."

어찌 이분뿐이겠는가? 아마도 지구상에 믿는다 하는 성도들 중에도 이분처럼 확신 없이 미심쩍어 하며 믿고 있는 분이 너무너무 많을 것이다. 그런 생각을 하고 있자니 쓸쓸해 하실 하나님의 마음이 느껴졌다. 안타까운 마음이 들었다. 예수님은 나를 위해 피 한 방울까지 다 쏟고 돌아가셨는데 그 핏값으로 살아가는 우리는 감사는커녕 오히려 사탄의 말을 믿고 도리어 예수님을 의심의 눈초리로 바라보고 있는 것이다. 마음이 아팠다. 이분이 살아계신 하나님을 만나야 되는데…….

집회가 시작됐다. 드디어 뜨겁게 기도 드리며 치유하는 시간이 되었다.

맨 앞자리에 8개월 된 깍두기 성도님이 보였다. 하나님이 치유하는 모습을 다 본 것이다. 집회를 끝내고 땀을 닦으면서 밖으로 나오는데 그분이 입구에서 180도 허리를 구부려 깍듯하게 인사를 했다. 나는 그분을 툭 치며 말했다.

"이래도 왜 예수 믿느냐고 하시겠어요?"

"아뇨! 아뇨!"

"이제 그런 소리 다시는 하지 마세요."

"네, 강사님. 제가 말한 것 취소하겠습니다. 제가 눈으로 다 본 걸요! 하나님은 살아계십니다! 왕~~~."

그날 큰 감동을 느낀 듯했다.

"사실 제가 교회 오기 전에 잡신을 믿었거든요. 그것도 아주 심하게. 작두무당을 불러서 굿도 여러 번 했는데, 웬만한 작두무당 부르면 천만 원 들어갑니다."

그러더니 좋아하며 하는 말!

"하나님은 돈도 달라고 안 하시네요! 정말 좋은 분입니다. 정말 예수님 믿을 만합니다. 아멘! 아멘!"

보이지 않아도 마귀는 있습니다

마귀 사건은 그것으로 끝이 아니었다. 어떤 여자분이 울고 있었다.

"아니, 무슨 일 있으세요?"

"제 딸을 위해 기도 좀 해주세요."

여자분 옆에 딸이 있었는데 그 아이도 울고 있었다. 몇 학년이냐고 물었다.

"중학교 1학년이에요!"

"그런데 왜 우니?"

"그 김OO 집사님에게 들어갔던 마귀가 강사님이 예수 이름으로 명하실 때 나가는 것을 제가 보았어요. 너무 무서웠어요."

그렇다. 이 아이는 생전 듣지도 보지도 못했던 마귀를 그날 처음 본 것이다. 살아계신 하나님을 보고 무서워 울면서 그동안 엄마에게 대들었던 것과 하나님 마음을 아프게 했던 모든 것을 내려놓고 회개했다. 아이는 계속 울고 있었다. 그 후 이 아이는 새벽기도는 물론이고 저녁에 학교 끝나고도 꼭 교회에 들러서 기도하고 집으로 간다고 했다. 어린 아이라도 하나님께서는 믿음으로 바라보는 자들에게 역사하신다.

이 열네 살의 중학교 1학년짜리는 하나님께서 자신의 눈을 열어 보여주셨던 귀신을 간증했다. 전 교인이 하나님과 예수님이 역사하시고 실제로 귀신이 있음을 이 아이를 통해 듣게 된 것이다.

그렇다. 영의 세계는 실제 존재한다. 공중 권세 잡은 자와 땅의 권세를 잡은 자와의 영권(靈權) 싸움은 이 시간에도 인간을 사이에 두고 치열하게 벌어지고 있다. 한 치의 양보도 없는 치열한 싸움이다. 바로 이 전쟁터 속에 우리가 살고 있다. 하지만 영적으로 잠자면 절대 보이지도 들리지도 않는 싸움이 바로 이 세계다. 도대체 전혀 알아차릴 수가 없다. 영적인 안테나를 가동해야 비로소 주파수가 잡히는 세계가 바로 영권(靈權)의 세계다.

이 싸움에서 이기는 유일한 길은 말씀으로 무장하고 깨어 기도하는 것 외에는 없다. 그런데도 존재하지만 보지 못하는 무딘 교인들은 새벽에 잠을 청한다. 이때가 바로 먹히는 순간이다. 그뿐인가? 하나님이 안식을 지키라고 주신 날도 도둑질한다. 주일에 온전히 교회에서 주일 성수하지 않고 열심히 산에 오르는 이가 있다면 잘 들으시길! 내가 예수 이름으로 내쫓은 마귀가 바로 산으로 갔다. 조심하시길! 마귀는 피도 눈물도 없는 존재다. 인간의 삶을 파괴하고 죽이는 것 외엔 아무 목적이 없다. 오죽하면 딸 속에 있던 마귀가 자기 아버지에게 들어간다고 할까!

　집회는 연일 큰 은혜와 감동으로 이어졌다.

병 고침의 비밀은 바로 회개!

화성시에 있는 순복음교회로 집회를 갔다. 상가 안에 있는 작은 교회였다. 담임 목사님께서 죄송하다는 듯 이렇게 말씀하셨다.

"우리 교회는 주로 심야기도회를 중점으로 하고 있습니다. 집이 먼 데 계신 성도들이 많아서 새벽에는 몇 분이나 나오실지! 허허."

내가 새벽 집회를 중점으로 하고 있다는 말씀을 들으신 듯했다. 나는 웃으며 말했다.

"네, 목사님! 하나님께서 하시겠지요."

첫 시간, 강한 눈물 기도로 하나님의 감동이 이곳에 임하시길 아버지께 사정했다. 얼마나 눈물로 강대상을 적셨을까?

다음 날, 놀라운 일이 일어났다.

성도들에게 말한 새벽 집회를 사모하라는 말씀이 가슴에 박히셨던 걸까? 먼 데 사시는 분들은 새벽에 택시를 대절하여 오시질 않나, 아예 교회에서 주무시는 분도 적지 않았다. 성전은 점점 차기 시작했다. 목사님은 어안이 벙벙한 듯했다. 기쁘고 놀라워 어쩔 줄 몰라 하시며 이런 일이 처음이라고 하셨다. 당일 성전 가득 성령이 충만했다. 새벽에 성전이 꽉 차고 하나님을 영화롭게 하니 어찌 기적이 일어나지 않겠는가!

집회에 참석하신 분 중에 권사님 한 분이 계셨다. 중풍으로 뇌사 상태였다가 깨어났는데 그 후유증으로 앉은뱅이가 되신 지 오래되신 분이었다. 교회에선 이 권사님을 위해 화장실도 개조했다고 했다. 집회 중에 보니 휠체어에 타신 모습이 마음이 아팠다.
"권사님! 첫 시간부터 맨 앞자리에서 은혜 받으세요!"
그리고 다시 이야기했다.
"권사님, 이번 기회에 그 휠체어 좀 집어던지고 일어서세요. 걷기도 하고 뛰기도 하시면서 하나님을 찬양해야 교회가 부흥할 거 아니겠어요? 부족한 종이 도와드리겠습니다. 반드시 큰 믿음이 들어가도록 은혜를 사모하세요!"
"아멘!"
"다른 것 다 말고 집회 기간 내내 오직 한 가지 생각! 힘을 다해 기적처럼 벌떡 일어나 담대히 복음을 증거하시는 모습을 상상하세요! 이번 성회에 큰 기적이 일어날 것을 믿음으로 사모하세요! 하나님 나라를 전파해야죠!"

집회 3일째 되던 날. 집회 셋째 날에는 새벽에 뜨겁게 기도 드리는 시간이 있다. 많은 환자들이 하나님과 묶인 매듭이 풀어지며 병 고침 받는 시간이기도 했다. 그렇다. 우리들의 관심은 당장 병 고침을 받는 것이다. 여기에 하나님의 관심과 우리 관심의 차이가 있다. 하나님의 관심은 하나님과의 관계가 회복되는 것이다. 막힌 담이 헐리면 문제는 자동으로 해결된다. 병 고침도 마찬가지다. 병부터 낫는 것이 아니다. 지난날 알게 모르게 지었던 내 죄들을 집회 기간 중 회개하면 다음 순서로 병 고침이 오는 것이다. 하나님과 나 사이에 막힌 담이 헐리는 순간이다. 죄를 씻음 받으면 하나님께서 은혜를 베푸신다. 그 증거로 병 고침이 일어나게 되는 것이다. 따라서 병 고침이 우선순위가 아니다. 오히려 병 고침은 열매일 뿐이다. 누구든지 하나님의 은혜가 우선되어야지 병 고침이 우선이 되어서는 안 된다.

하나님께서는 우리를 지으시고 만드셨다. 하나님께서는 우리 한 사람 한 사람, 각 사람 모두의 설계도를 갖고 계신다. 그래서 세상에서는 치료가 불가능해 보이는 병, 의사가 고치지 못하는 병도 하나님은 아주 쉽게 고쳐 주실 수 있다. 하지만 믿음이 없으면 바로 재발되거나 이전보다 오히려 상태가 더 나쁘게 될 수도 있다. 사무엘상 2장 30절 말씀처럼 하나님께서 고쳐 주시면 하나님을 존중히 여겨 꼭 간증을 하는 것이 좋다. 내가 앓던 병과 같은 병을 앓는 환자들을 찾아다니면서 전도하면 빠르다. 증상과 마음이 이해가 되니 더 좋다. 특히 새벽마다 무릎 꿇고 하나님께 예배로 공경하면 가장 좋다. 그러면 절대 재발되지 않는다. 축복 받는 삶이 보장되는 것이다.

이 권사님 역시 마찬가지셨다. 권사님은 집회 첫날부터 한 번도 빠지지 않으시고 맨 앞에서 은혜를 받으셨다.

드디어 셋째 날 새벽기도 시간. 감동이 와서 담대히 권사님을 향해 선포했다.

"예수 이름으로 명하노니 일어나라!"

다음 순간 이 권사님이 벌떡 일어나셨다. 그리고는 혼자 걸어서 강대상으로 나오시는 것이 아닌가? 그렇다. 2천 년 전 성전 미문에 앉아 있던 앉은뱅이에게 일어났던 기적은 죽은 성경구절이 아니다. 이 시대에도 믿는 자에게 일어나는 일, 믿음이 있는 자를 이끄시는 통로가 되는 것이다. 바로 믿는 자가 살 '길'이다. 하지만 모든 이에게 '길'이 되는 건 아니다. 반드시 믿고 바라고 구하는 자들에게만 가능한 '길'이 된다. 믿고 발을 내딛는 자들에게만 현실이 된다. 세상에서 불가능한 일이 믿는 바대로 가능해진다. 반드시 일어난다. 기적은 하나님 손에 달렸다. 그러나 그 기적을 가능하게 하는 씨는 바로 내 속에 있는 '믿음'인 것이다.

"내게 은과 금은 없으나 나사렛 예수 이름으로 명하노니 일어나라!"

그 모습 그대로 이 권사님은 벌떡 일어섰고, 그 기적의 감동은 전 교회를 감싸 안았다. 전 교인들은 서로 껴안고 눈물로 하나님께 영광을 돌렸다. 할렐루야!!

감동은 거기서 끝나지 않았다. 이 권사님은 밖에 비가 오는데도 아이처럼 얼굴에 하나님의 성령이 충만한 모습으로 같이 전도 실습을 하러 가겠다고 하셨다. 하나님의 기뻐하시는 모습을 상상해 보라!

그 집회 때에 초등학교 4~5학년 정도 되는 아이가 한 명 있었다. 눈을 보니 귀신이 들어가 장난하는 듯했다. 어른 두 명이 붙잡아도 아무데나 머리를 박았다. 마치 불 속에도 뛰어들 것 같았다. 증상이 아주 심각한 자폐증 아이였다. 예배시간에도 진정이 되지 않았다. 그런데도 집회 기간 내내 이 아이는 새벽에 엄마 아빠와 함께 빠지지 않고 나와 예배를 드렸다.

드디어 기도 시간, 아이가 앞으로 나왔다. 그리고 마치 언제 그랬냐는 듯 놀랍게 치유를 받았다. 할렐루야!

그렇다. 예수님께서도 마가복음 1장 35절에서처럼 새벽 미명에 꼭 무릎을 꿇으셨다. 그리고 아버지께 기도 드리고 성령이 가시고자 하시는 곳으로 전도하러 가셨다. 그 마음속에는 늘 연약하고 병들고 소외된 죄인을 불쌍히 여기시는 사랑이 넘치셨다. 바로 여기에 집회 후 굳이 현장 실습을 고집하는 이유가 있다. 들을 때는 성령의 감동이 항상 함께할 것 같다. 그러나 시간이 지나면 감동도 열정도 사그러든다. 마귀가 마음을 빼앗고 분주한 일이 생기면 우선순위에서 밀리게 된다. 다시 이전과 같은 상태가 되는 것이다. 오직 오로지 하나님만 바라보고 말씀을 전할 때 이와 같은 기적은 '상식'이 된다. 늘 아무렇지도 않게 일어나는 일이 된다.

아무 일이 일어나지 않는 것은 믿음이 없기 때문이다. 믿음이 없을 때는 모두 기적처럼 보인다. 하지만 하나님의 역사는 이전에도 지금 이 시간에도 동일하시다. 그분은 변함이 없으시다. 믿음으로 보면 2천 년 전 예수님이 사역하실 때의 모습 그대로 지금도 여전히 불 같은 역사로 임하신다.

그 교회의 담임 목사님 사모님께서는 후두암이셨는데, 집회 후 많이 좋아지셨다.

그 후 이 교회는 이름을 바꿨다. 성도들은 쉬지 않고 전도하면 100명 이상 전도할 수 있다는 목표를 세웠다. 그리고 시간표를 짜서 밖으로 나가 전도법을 그대로 적용해 전도하여 나날이 부흥하고 있다. 할렐루야!

흐르는 눈물에
감사해 본 적이 있으십니까?

혹시 눈물이 흐르는 것을 감사해 본 적이 있는가?

만약 그런 사람이 있다면 몇 명이나 될까?

감사의 이치는 간단하다. 세상을 살다 보면 당연한 일이 당연한 것이 아니라는 것을 아는 순간 범사에 감사하게 된다.

첫 집회로 서산을 다녀온 지 얼마 되지 않았을 때 전화 한 통을 받았다. 집회를 했던 서산의 그 교회를 다니시는 집사님이셨는데 자녀가 자폐증을 앓고 있었다. 그런데 집회 후 내가 다시 한 번 더 다녀갔으면 좋겠다는 감동이 와서 새벽마다 부르짖고 있다고 했다. 그 기도가 담임 목사님 마음을 감동시켰는지 다시 한 번 더 그 교회에 집회를 가게 되었다.

그 즈음에 국민일보에 광고를 냈었다. 성령의 역사, 예수 이름의 능력이 얼마나 대단한지, 광고가 나가자 반응이 폭발적이었다. 그때 전화를 한 통 받았다. 천안에서 사시는 양 집사라고 했다. 심한 우울증에 쇼그린 증후군이라는 희귀병을 앓고 있는데다 혈액에 염증이 생겨서 약으로 연명하고 있다고 했다. 그뿐 아니라 눈물이 나지 않는 병에 관절염까지 있어 기도하려 해도 도저히 무릎도 꿇을 수 없다고 했다. 정말 사정이 딱했다. 그분은 당장 자기를 만나 달라고 사정했다. 그래서 서산 집회를 말씀드렸다. 날짜를 가르쳐 주고 그리로 오시라고 했다.

드디어 서산 교회에서 집회가 열리는 날. 국민일보에 광고가 나간 후 3일째였다. 강단에서 보니 교회가 가득 찼다. 그중에 한눈에도 유난히 눈에 띄는 분이 있었다. 바로 전화하셨던 그분이었다. 단번에 알아볼 수 있을 정도로 초췌한 모습으로 맨 앞자리에 앉아 있었다. 얼마나 이 날을 손꼽아 기다렸는지 느껴졌다.

양 집사는 3일 내내 한 번도 빠지지 않고 맨 앞자리에 앉아서 은혜를 받으셨다. 집에도 가지 않고 성전 맨 앞자리에서 자면서 은혜를 사모하는 모습이었다. 감동이 밀려왔다. 그리고 뒤이어 그분을 위해 십자가에 달려 가시에 찔리신 하나님의 사랑과 능력이 밀려왔다. 양 집사를 위해 간절히 기도했다.

3일째 되던 날, 드디어 마귀와의 대적이 시작되었다. 심한 우울증과 쇼그린 증후군, 혈액에 염증이 생기게 하고 눈물도 마르게 하고 심한 관절염으로 하나님 앞에 무릎도 꿇지 못하게 만든 모든 악한 권세들……. 이는 모두 하나님께 무릎 꿇지 못하게 하려는 마귀의 장난들이었다. 대적 기도를 하자 마귀는 발작을 일으키며 게거품을 내

뿜었다. 거품을 뱉어내며 몸부림을 쳤다. 그 속에 들어 있던 온갖 더러운 오물이 터져 나왔다. 목사님께서는 깜짝 놀라 내게 묻은 오물들을 닦아 주셨고 나는 계속해서 예수 이름으로 마귀를 내어쫓았다. 두 개의 마이크가 하나는 내게 다른 하나는 양 집사 쪽으로 놓여 있었다. 그 모습을 본 성도들은 하나님의 기적과 마귀의 패배를 생생하게 체험하고 있었다. 은혜의 도가니였다.

마귀가 나가면서 분한 듯 그동안 이야기를 쏟아놓았다. 양 집사의 부모님은 일찍이 아이 둘을 잃고 무당을 수양엄마 삼아 다시 아이를 갖게 되었다는 것이다. 그때 부모와 외가쪽 모두가 우상을 섬기게 되었고 귀신은 마치 그 부모인 양 버젓이 자리 잡고 몇 대째 내려온 것이다. 그런데 귀신이 하는 말이 걸작이었다.

"내가 저를 자식같이 돌봐 주었는데…… 어떻게 이렇게 할 수 있느냐."

마귀는 소리치며 발악했다. 나는 기도하며 양 집사의 눈을 뚫어지게 쳐다보았다. 귀신은 내 눈을 피했다. 그리고 소리쳤다.

"무서워! 무서워! 나가기 싫어! 나가기 싫어! 갈 데가 없어."

"예수 이름으로 명하노니, 그 자녀는 하나님의 딸이다! 그 안에서 나와! 그 안에서 나와! 거기는 네가 있을 자리가 아니야! 어서 나와!"

다시 여러 차례 호통을 쳤다. 그제야 더러운 귀신은 나가기가 무척 억울한 듯 더러운 게거품과 온갖 오물을 쏟아놓았다. 잠시 후 육신을 실신시키더니 드디어 양 집사에게서 나갔다. 할렐루야!!

그 후 양 집사는 모든 병을 고침 받은 것으로 믿고 집으로 돌아가 그 받은 증거대로 먹던 약을 모두 쓰레기통에 버렸다. 그러자 놀라운 기적이 일어났다. 그동안 전혀 흐르지 않던 눈물이 눈가에 흐르기 시작한 것이다. 할렐루야! 잠시 후 관절이 온전히 회복되더니 급기야 무릎을 꿇고 기도를 드릴 수 있게 되었다. 이처럼 믿음에는 반드시 결단과 함께 행동이 뒤따라야 한다. 양 집사는 지금도 날마다 눈물로 하나님께 영광 돌리며 전도하고 있다. 할렐루야!!

그 집회에는 오래된 내 친구 한 명이 참석하고 있었다. 평생 우상을 섬기며 교회에 단 한 번도 가 본 적이 없는 친구였다. 문득 집회를 가기 전 갑자기 그 친구가 생각나 전화를 했다.

"잘 지냈나? 내가 서산제일장로교회에서 강연을 하는데, 친구 좋다는 게 뭔가? 한 번만 시간 내서 오면 좋겠다. 와서 얼굴도 보고 강연 듣고 평도 좀 해 주고!"

서산은 고향 홍성에서 그리 멀지 않은 곳이었다.

당일날 보니 그 친구가 앉아 있는 모습이 보였다. 오랜만에 친구가 부탁하니 무슨 강의라도 하는 줄 알고 참석한 것 같았다. 바로 그날, 친구는 마귀가 나가는 걸 직접 보고 체험하게 되었다. 양 집사와의 대적을 통해 오랫동안 그 속에 들어 있던 귀신이 나가는 소리를 듣고 충격을 받은 것 같았다. 그 친구는 당장 예수님을 영접하고 교회에 등록하고 성도가 됐다. 할렐루야! 한 영혼을 천하보다 더 귀히 여기시는 하나님! 이 친구야말로 친구 잘 만나 구원받았으니, 그 시간에 하나님이 생각나게 하시면 그 길로 온통 순종할 수밖에!

이것이 말 그대로 기적이다. 복음의 능력은 말에 있지 않고 능력에 있다. 기회를 주셨을 때 결단하고 집회에 참석해 순종하면 그 다음은 하나님의 몫이다. 순종하는 자를 하나님은 책임지신다. 온갖 유혹과 협박으로 그 자리에 참석 못하게 하려는 마귀의 작전을 간파해야 한다. 마귀의 궤계를 뿌리치고 집회에 참석하면 눈으로 보고 귀로 들으며 하나님의 자녀가 된다.

집회 기간 중 두 자매가 전도되어 왔다. 집회 기간 내내 천국과 지옥에 대하여 생생한 간증을 듣고 귀신이 나가는 것을 직접 듣고 보았다. 그 자리에서 영접하고 등록했다. 할렐루야!!

서산 집회는 그야말로 하나님의 놀라운 역사, 기적의 현장이었다

5개월도 안 된 개척교회의 기적

한여름에 함안에서 집회를 가졌다.

담임이신 최 목사님은 정말 대단한 분이셨다. 전도사님 때 개척하신 교회였는데 가보니 개척을 하시고 목사 안수를 받으신 지 채 두 달도 되지 않은 때였다. 개척 5개월도 안 된 교회에서 3박 4일 간 콩나물 전도왕을 불러 초청 집회를 계획한 것이다. 할렐루야! 그 자체가 기적이 아닐 수 없었다.

주일 11시 예배에 불신자들이 초청되어 왔다. 지난 5개월여 만에 전도한 성도들까지 80여 명이 예배를 드렸다. 그중 불신자 참석자가 30여 명. 마을 전체가 60호에 불과한데 무려 30여 명이 초청되어 온 것이다. 할렐루야! 그 시너지 효과는 실로 대단했다. 마치 대도시의 8만 명이 예배 드리는 것과 같은 뜨거운 예배였다.

누가복음 16장 19절에서 31절의 부자와 거지 나사로 말씀으로 천국과 지옥에 대하여 눈물로 간증했다. 천국과 지옥은 엄연히 현실임을 생생하게 말씀으로 전하고 나서 결단의 시간이 되었다. 참석하신 어르신들은 흐르는 눈물을 주체하지 못했다. 그날 저녁 참석한 성도 모두가 예수님을 영접하고 하나님의 자녀가 되었다. 할렐루야!!

많은 교회 집회를 인도했지만 오전 11시 예배 참석한 초신자들이 오후 찬양예배까지 참석하는 경우는 드물었다. 그런데 기적이 일어났다. 오전 예배 때 예수님을 영접한 어르신들이 의리를 지키신다고 전부 앞자리에 앉아 계시는 게 아닌가! 큰 은혜가 되었다. 할렐루야!!

담임 목사님께서는 원래 큰 건설회사를 경영하시던 사장님이셨다. 늦게 신학을 하시고 교회를 개척하셨는데 전도의 구령에 대한 열정이 참으로 대단하신 분이셨다. 목사님이 웃으시며 말씀하셨다.

"함안 군수가 불제자인데 전도 대상자 1호로 올려놓고 기도 중이에요. 아마도 내일 중으로 한번 오시지 않겠어요?"

나는 어리둥절해 그냥 웃기만 했다. 그런데 또 다시 목사님께서 말씀하셨다.

"함안군에 전 기관장을 전도하려 해요. 그러면 하급 직원들은 자동으로 오지 않겠어요?"

아무튼 각오가 대단해 보이셨다. 두 번이나 목사님이 말씀하시니 같이 힘을 다해 기도 드려 보자고 했다.

집회 둘째 날. 새벽 시간부터 성전이 꽉 찼다. 주변 교회 장로님 내외를 비롯해 멀리 김해, 마산, 창원 먼 곳에서 정신병자, 앉은뱅이,

중풍병자, 당뇨 환자 그야말로 종합병원처럼 많은 환자들이 몰려왔다. 마치 예수님 사역 당시의 전도 집회 모습을 보는 듯했다.

또 동아대 법대를 졸업한 아주 우수한 청년과 그 밖에도 몇 명의 청년들이 귀신이 들려 집회에 참석했다. 특별히 장로님 아들은 20여 년 전에 정신병원에 입원했던 적이 있는데 다시 재발해서 장로님께서 입원 중인 병원 과장에게 특별히 부탁하여 집회에 참석하고 있었다.

귀신도 여러 종류가 있다. 예수님의 이름 권세만으로도 물러가는 귀신도 있지만 악질도 있다. 언뜻 보니 이 귀신들은 악질이었다. 마치 각 지역 대표 귀신들처럼 실실 웃으면서 나를 쳐다보았다. 예수 이름의 권세로 쳐다보면 멀쩡하다가 또 다른 곳으로 시선을 돌리면 실실 웃기 시작했다. 증세가 나빠지는 것이다. 귀신을 내쫓는 것이 강사인 나의 본질적인 사명은 아니다. 다만 그들이 하나님의 말씀을 들을 수 있도록 해야 한다. 다시 말하면 귀신 들린 자들도 말씀을 듣게 하는 것이다. 그럴 때만이 귀신이 나간 후에는 전도할 수 있는 복음의 능력으로 살아갈 수 있다. 그것이 자녀로 살아가는 참된 모습이다.

집회 3일째, 살아계신 하나님의 기적이 일어났다. 집회를 하러 들어갔는데 성전이 웅성웅성했다. 주위를 둘러보니 누군지 가운데 한 분을 놓고 모두 귓속말로 얘기하고 있었다.

"함안 군수야! 정말?"

"정말 왔네! 주여! 우리 목사님 기도가 세긴 센가 봐요!"

할렐루야! 오전 집회에 함안 군수께서 참석하신 것이다! 순수한 목사님의 기도가 응답된 순간이었다. 목사님께서는 집회 날짜를 잡아 놓고 군수실에 들러서 기도하시고 참석을 부탁하셨다고 한다. 그리고 지금껏 기도하며 기다리셨던 것이다. 그런데 정말 바로 그날, 함안 군수님이 주일 예배에 참석하신 것이다. 그것도 불자가 말이다! 바로 그날 함안 군수는 예수님을 주로 영접했다.

마이크를 드렸더니 함안 군수님께서 한말씀 하셨다.

"담임 목사님께서 얼마 전 저를 방문하셨습니다. 그리고는 대뜸 함안군 전도 대상자 1호로 저를 꼽았다고 하시더군요. 저는 원래 절에 다니는 불자지만…… 어떡하겠습니까. 오늘 여러분 앞에서 예수님을 영접했으니 앞으로 교회 나오겠습니다."

박수가 터져 나왔다. 할렐루야! 하나님께 영광! 할렐루야!

나는 군수님께 이번 주 11시 예배부터 나오시라고 말씀드렸다. 나중에 들으니 비서실장이 다른 교회 집사님이라고 하던데 주일에 꼭 군수님이 교회에서 예배 드릴 수 있도록 스케줄을 잡으시길 바란다. 할렐루야!!

다음 날, 군수가 다녀갔다는 말씀을 들으셨는지 다시 함안군 의원이 집회에 참석하였다. 아마 우리 하나님께서 급하긴 급하셨던 모양이다. 함안군 공식 복음화율은 5%라고 했다. 결국 95%가 불신자라는 말이고, 함안 군민 거의가 전도 대상자라는 뜻이다. 다시 말하면 전도하기 쉬운 곳이라는 이야기다.

집회 중 치유 시간, 교회에 구 장로님이란 분이 계셨다. 앞에서 말한 것처럼 그분의 아들이 정신병원에서 생활하고 있었다. 얼마나 안타까운 일인가? 그것도 장로님 아들이 귀신이 들렸으니 하나님의 영광을 위해서도 반드시 은혜가 필요했다. 함안군 의원이 보는 앞에서 구 장로님 아들에게서 귀신이 떠나는 역사가 시작됐다. 몇 시간을 진을 빼며 축사한 뒤 그의 얼굴에 마치 천사처럼 부드럽게 혈색이 돌아왔다. 마침내 기적이 일어나 그가 교인들 앞에서 간증했다.

"다시는 정신병원에 가지 않고 어머니 권사님과 장로님 아버님과 같이 살게 되었습니다."

할렐루야! 이날 참석했던 함안군 의원은 그 자리에서 예수님을 영접했다. 그리고 이번 주일부터 11시 예배에 참석하시겠고 하시며 눈물을 흘렸다. 할렐루야! 처음 예배 보는 자리에서 눈물을 흘리면서 말씀하시는 모습은 많은 이들의 눈시울을 뜨겁게 했다. 우리 하나님께서는 얼마나 기뻐하실까?

함안의 그 교회는 이제 개척교회가 아닌 부흥하는 교회로 거듭나고 있다. 목사님께서는 시골 농촌교회도 전도하면 할 수 있다는 모습을 꼭 보여주고 싶다고 하셨다! 이때 믿음은 선포되기 전 반드시 과정을 거쳐야 한다. 바로 하나님의 뜻인지 확인하는 일이다. 그리고 정확히 확인된 사실에 대해서만 반드시 믿음 가운데 선포해야 한다! 그렇지 않으면 내 욕심에서 비롯된, 그래서 스스로조차 속을 수 있는 가장된 선포일 수 있기 때문이다.

바로 이때 그 믿음이 비로소 능력이 된다. 그리고 이는 반드시 하나님의 능력으로 성취하게 하신다! 우리의 본분은 철저한 종일 뿐이다! 본분을 망각하는 순간 가장 추악한 자리로 떨어질 수 있다. 오직 모든 영광은 하나님께만 올려져야 한다. 할렐루야!

하나님, 손이 붙었어요!

군산에서 집회를 할 때였다. 아주 작은 교회였다.

성도 중에 군산 지역에서 제일 피아노 반주를 잘한다는 변 자매라는 분이 있었다. 첫 집회를 가진 후 두번째 집회를 사모하던 그 자매의 기도가 목사님을 감동시켜 6개월 만에 다시 열린 두 번째 집회였다.

3박 4일 간의 집회가 열리던 날, 첫번째 집회 때 큰 은혜를 받았던 변 자매가 새벽마다 찬양 반주를 맡았다. 사모하는 성도들에게 하나님께서 쏟아부어 주시는 은혜는 말 그대로 기적이었다. 사모님께서는 지난번 집회에서 배운 대로 전도했는데 정말 앉을 자리가 없이 꽉 찼다고 하셨다. 순수하게 믿음으로 받고 받은 대로 행동한 믿음의 결과였다. 무공해 콩나물 전도가 예산이 적게 들면서 참으로 홍보 효과가 좋다고 하셨다. 또 사람들이 교회를 바라보는 시선이 달라졌다며 좋은 교회로 소문 나서 구원 얻는 무리의 수가 더해 간다고 하셨다. 할렐루야!

집회 참석자 중에 큰 대학병원에서도 무슨 병인지 병명이 나오지 않는다는 칠십이 넘은 집사님이 계셨다. 머리가 깨질 듯이 아프고 먹으면 토한다 하셨다. 또 속이 미슥거리고 잠을 잘 수가 없어 불면증에 시달린다고 하셨다. 그래서 은혜를 사모하며 매 시간 빠지지 말고 맨 앞자리에 앉으시라고 말씀드렸다. 그 집사님은 정말 순수하게 순종하셨고 하나님께서는 그 순종의 믿음대로 깨끗이 고쳐 주셨다. 마지막 날 새벽, 그 집사님은 밤새 보름달같이 환해진 얼굴로 '어제 저녁에는 수십 년 만에 단잠을 잤다' 며 머리도 깨끗하게 고쳐 주셨다고 눈물로 간증하셨다. 할렐루야!

병원에서 병명을 모르는 경우는 대개 영적인 경우가 많다. 마귀가 원인 모를 병으로 붙잡고 있는 것이다.

한 여자 집사님은 머리가 많이 아프다고 하셨다. 집회 중에 그 집사님을 괴롭히는 존재가 마귀임이 보였다. 기도 시간, 나사렛 예수 이름으로 명하니 마침내 눈을 뒤집고 몸을 실신시키면서 마귀가 나갔다. 그 집사님은 두어 시간 후 일어나서 하나님을 찬양하셨고 전 교인이 하나님을 찬양했다. 할렐루야!

반주자인 변 자매 어머니 김 집사님이 집회에 참석하고 계셨다. 팔이 아파 수술을 하고 입원 중이셨는데 병원에서 외출증을 끊어 집회에 온 것이었다. 한 시간도 빠지지 않고 참석하시는 모습에 마침내 감동이 왔다. 집회 중 김 집사님이 입신을 하셨다. 마침 두 손을 모으고 기도 드리던 중이셨는데 기가 막힌 일이 일어났다. 사악한 귀신이 나가면서 두 손을 붙여 놓았던 것이다. 김 집사님은 손이 떨어지지 않아 일어나지 못하고 계셨다. 교인들이 아무리 떼려고 해도 안 되자 우왕좌왕하는 모습이 보였다. 누군가가 "강사님, 김 집사님 손이 붙어서 떨어지지 않아요" 하는 소리가 들렸다. 나는 그 집사님 앞에 무릎을 꿇고 하나님께 기도 드렸다. 잠시 후 마치 거짓말처럼 딱 붙었던 두 손이 서서히 떼어졌다. 할렐루야! 전 교인이 박수 치며 살아계신 하나님께 영광을 돌렸다!

그러면 하나님은 왜 손을 붙여 놓으셨던 것일까? 이유는 간단하다. 믿음 없는 성도님들이 많기에 우리 하나님께서 예수님 사역 당시처럼 역사하시는 기적을 통해 그 모습으로 보고 예수님을 믿게 하시려는 것이다.

환자에겐 병 고침이 중요하지만 전부는 아니다. 오히려 병을 고쳐 주시는 것은 쉽다. 하지만 새벽기도 등 온전한 믿음 생활을 하지 않으면 금방 재발되고 상태가 더 나빠지기 일쑤다. 결국 병 고침 자체보다 이를 통해 살아 역사하시는 하나님을 믿고 결단하는 것이 중요하다. 그 결단은 하나님과 동행하는 삶의 모습을 통해 나타난다. 새벽기도는 바로 그 결단 있는 행동의 열매이다. 정말 내 삶의 주인이 하나님이라고 믿는다면 주인에게 하루의 일과를 묻지 않는 종이 어디 있겠는가? 묻지 않는다면 그건 입술로만 하나님이 주인이지 실제로는 내가 주인이 되어 살고 있는 것이다. 이는 하나님을 만홀히 여기는 것이다. 게다가 하나님 마음에 합한지 묻지 않고 내가 세운 계획을 하나님께 일방적으로 이야기한다. 그리고 이것도 해 달라 저것도 해 달라(실제로는 '하라!'는 명령이나 별반 다름없다)고 주문까지 한다. 이는 주인 되신 예수님을 종으로 부리는 것이다.

그러면 헌신하는 자에게는 어떠한 복을 주실까? 말 그대로 번성하는 복을 주신다.

집회 때 열정적으로 찬양을 인도한 지휘자 집사님이 계셨다. 집회 후에도 하루도 빠지지 않고 찬양을 인도하고 새벽기도를 드렸는데 기도제목이 모두 이루어졌다며 감격해 하셨다. 감사한 일이다. 하지만 중요한 것은 기도 응답만이 아니다. 기도제목을 드리기 전에 먼저 내가 원하는 것이 하나님 뜻에 맞는가를 물어야 한다. 먼저 묻고 정확히 응답 받은 후 순종할 때 놀라운 간증이 이어진다. 신앙생활은 단순하게 주만 바라볼 때 가장 최고의 복을 받는다.

천국문 닫습니다! 예배시간 엄수!

금곡에서 집회할 때였다.

담임 목사인 최 목사님은 퍽 겸손하신 분이셨다. 사모님과 병으로 사별하신 후 역시 남편과 사별하신 사모님을 만나 재혼하신 분이셨다. 두 분은 늦게 만나셨지만 마치 신혼처럼 에덴의 기쁨이 흐르는 가정이라는 걸 느낄 수 있었다.

첫날 집회 때 나는 모든 집회를 사모하며 빠지지 말라고 당부했다. 그리고 순종하시는 분은 하나님께서 두 달 안에 기도제목을 꼭 들어주실 거라 선포했다. 순종이 제사보다 낫다고 하나님은 말씀하셨다. 성도들은 담임 목사님 성품 그대로 겸손했고 온순했다.

성도 중에 미용실 하시는 분, 슈퍼 하시는 분은 아예 문을 닫고 오셨다. 나는 큰 사업을 하실수록 결단하고 하나님 앞에 오시면 더 큰 복을 받으실 거라 선포했다. 그 큰 믿음을 보시고 순종하는 대로 은혜와 생수의 복을 주실 거라 했다. 그리고 예배 시간을 다시 한번 알려 드렸다. 새벽기도는 5시, 오전 예배는 오전 10시 30분, 저녁 예배는 7시 30분. 그리고 꼭 시간 전에 도착해서 기도와 찬양으로 준비하면 은혜가 배가 될 거라고! 그리고 말씀은 원고 없이 하나님께서 바로 그 시간 교회에 부어 주시는 성령의 감동으로 현장에서 주시기 때문에 가능한 처음부터 들으시라고 했다. 그래야 은혜가 충만하실 거라고! 마지막으로 이 교회 성도님들은 예배 시간을 존중해 주시리라 믿는다고 광고했다.

첫 시간을 마치고 목사님과 저녁 식사를 하는데 목사님 말씀이 우리 교회는 평상시 약속 시간을 철저히 지킨다고 하셨다. 언젠가 야외예배를 가는데 교회에서 9시 출발이라고 광고했다. 다음 날 출발 시간이 다 되어서 반주할 자매에게 연락이 왔다. 택시를 타고 오는 중인데 '5분 정도' 늦을 거 같으니 기다려 달라고 사정했다. 하지만 차는 제 시간에 출발했고 교인들은 그 자매에게 택시 타고 쫓아오라고 하더라는 것이다. 나아가 이 교회 성도들은 모든 예배 시간은 물론이고 성도 간의 약속도 하나님과의 약속처럼 철저히 지킨다고 하셨다. 그날 반주한 자매 역시 비록 택시비는 많이 들었을지언정 신앙의 큰 보물을 얻었을 거라고 하셨다.

교인 중에 75세 된 이 권사님이라는 분이 계셨다. 많은 나이에도 불구하고 교장 선생님으로 은퇴하신 남편과 마치 신세대처럼 사는 아름다운 부부였다. 집회 당일 81세 된 남편과 손을 꼭 잡고 앉아 계셨다. 그런데 왠지 어딘가 불편해 보이셨다. 여쭤 보니 5년 전 허리

뼈가 어긋나서 병원에서 치료를 받았는데 갑자기 재발되어 다시 병원에 예약하고 치료 받기를 기다리는 중이라 하셨다.

집회 둘째 날, 병원에 예약돼 있으시다던 권사님이 성전 맨 앞에 앉아 계신 것이 보였다. 반가워서 다가가 여쭤 보니 그날 아침, 왠지 하나님께서 고쳐 주실 거라는 믿음이 생겨 병원 예약을 취소하고 참석하셨다고 하셨다. 할렐루야! 집회 끝나고 식사 대접을 해 주시며 기도를 받고 대신 병원비를 모두 하나님께 감사헌금으로 드리기 원한다고 하셨다.

다음 날 새벽, 하나님께서 권사님의 믿음대로 허리를 깨끗이 완치시켜 주셨음은 물론이다. 할렐루야! 앞으로 나와 간증을 하시는데 몸이 붕 하고 떠오른 것 같더니 누군가 팔로 허리를 만지는 느낌을 받았다고 하셨다. 다음 순간 언제 아팠냐는 듯 완전히 다 나았다며 앞으로 하나님께 평생 새벽기도를 드리겠다고 약속하셨다.

시대가 말세라 교회마다 귀신 들린 자들이 많이 있다. 아니 귀신 들린 줄 모르는 경우가 더 많다. 시대 흐름상 요즘은 마귀나 귀신이란 단어조차 쓰기를 꺼리거나 심지어 이단으로 규정하는 경우도 많다. 하지만 귀신이나 마귀는 예수님께서도 직접 언급하셨던 존재들이다. 지금도 마귀는 세상에 들끓어 우리를 괴롭히고 지옥으로 끌어가려 최선을 다하고 있다. 그 이유는 간단하다. 예수님이 오시는 마지막 때가 가까움을 마귀도 아는 것이다. 우리만 추수가 급한 것이 아니다. 저들도 아는 것이다. 그래서 마귀도 바쁘다. 마귀도 마지막 추수에 최선을 다하고 있다. 따라서 우리는 영적 분별력과 시대적 분별력이 더 필요한 때에 살고 있다. 하나님의 자녀인 우리를 지옥으로 끌어가는 것이 마귀의 존재 이유다. 마귀는 마귀대로 이를 위해 부르심을 받고 자기의 본분에 최선을 다하는 것이다. 우리도 하나님을 경배하고 충성된 종으로 최선을 다해야 한다.

이 땅은 영적 전쟁터이다. 하지만 누구나 이 전쟁터를 볼 수 있는 것이 아니다. 오직 영적 분별력을 갖고 깨어 있는 자에게만 보인다. 하나님의 일꾼으로 부르심을 받은 우리가 최선을 다해야 하는 이유가 바로 여기에 있다. 귀신을 내쫓아 건강한 몸을 얻은 후 거기서 끝나면 안 된다. 건강해진 몸과 영혼을 진정한 산제사로 드려야 한다. 그리고 자신의 몸에 받은 증거대로 다른 영혼을 전도해야 한다. 그것이 하나님께서 병을 고쳐 주신 이유요, 우리 몸이 하나님의 살아계심을 역사하는 증거로 쓰여져야 하는 이유다.

교만한 주인이 아니라
충성된 종으로 사십시오

상계동 교회에 집회를 갔다. 유명 가수 출신의 목사님이 목회하시던 곳이었다. 분위기가 여느 교회와 달리 좀 특별했다.

부흥사이신 목사님은 평소 부흥회를 인도하러 다니시느라 늘 바빴다. 이번 집회는 그동안 침체된 분위기 속에 식어 버린 전도 열정의 불씨를 당기기 위한 것이었고, 직접 가보니 더 큰 사명감이 느껴졌다.

그런데 교회의 한 장로님께서 이번 주까지만 교회에 나오고 집회를 끝으로 사임하겠다고 하셨다고 했다. 그 장로님은 평생 교직에 계시다가 정년퇴직하신 분으로 퇴직금과 집을 담보로 교회 리모델링하는 일에 전념하셨다고 한다. 당시 직접 공사를 진두지휘하면서 10억여 원의 적지 않은 비용까지 부담하셨다고 하니 교회를 사랑하는 마음이 얼마나 컸을까는 짐작하고도 남음이 있었다. 그런데 그런 분이 교회를 사임하려고 하셨다니 그 이유는 과연 무엇일까?

집회 첫날, 조금 일찍 도착해 강대상에서 보니 그 장로님이 들어오시는 게 보였다. 혼자서는 걸음을 제대로 걸으실 수 없는 듯했다. 당뇨합병증을 앓아 목 뒷부분을 늘 손으로 짚고 다니시는 게 보였다. 교회에 대한 그분의 헌신과 함께 안타까움이 느껴졌다.

며칠 후 새벽기도를 드릴 때였다. 장로님을 위해 눈물로 뜨겁게 기도 드리는데 한순간 장로님이 갑자기 흠칫하셨다. 잠시 후 장로님께서 간증을 하셨다.

"기도 받을 때 환상으로 제 목을 감고 있던 큰 구렁이가 빠져나가는 모습을 보았습니다. 무려 세 바퀴 반을 감고 있던 큰 구렁이였습니다. 할렐루야! 하나님께서 고쳐 주셨습니다. 하나님께서 깨끗이 고쳐 주셨습니다. 참으로 하나님께서 살아계십니다. 하나님께서는 살아계십니다."

그리고는 눈물을 닦으시며 우셨다. 하나님께서 그동안 장로님의 헌신과 노고를 보고 병을 깨끗이 고쳐 주신 것이다. 할렐루야!!

간증은 거기서 끝나지 않았다. 감사하다며 개인적으로 강사 사례비를 드리고 싶다고 하셨다. 또 담임 목사님을 위해서도 똑같은 헌금을 준비했다고 하셨다. 그리고 앞으로 100명을 전도하겠다고! 사모님께서도 살아계신 하나님 앞에 3,000명을 전도하시겠다고 약속하셨다. 두 분은 앞으로 〈사랑의 동산〉이라는 곳을 봉사하고 섬기며 살겠다고 하셨다. 할렐루야!

집회 얼마 후 장로님께서 감사 편지를 보내오셨다. 다음은 그 내용이다.

어느 날 목사님께서 전도 집회를 하신다고 하셨습니다. 그리고 이번 집회는 큰 은혜가 될 것 같다고 힘있게 말씀하셨습니다. 장로인 저는 교직에 몸을 담고 있다가 퇴직하였습니다. 평상시 당뇨합병증으로 걷는 모양새도 안 좋고 몸이 불편하니 의욕도 없었지요. 그러니 전도를 해야 하는 건 알지만 모든 것이 귀찮게 여겨졌습니다. 집회가 열리기 전에는 전도법 집회라 하여 사실 저뿐 아니라 다른 분들도 탐탁지 않게 생각했습니다. 사실 그동안 여러 차례 전도 관련 집회와 방법을 배웠지만 별 효과가 없었기 때문에 더더욱 그랬습니다.

드디어 집회가 시작되고 강사님은 열정을 다해 간증을 하셨습니다. 여러 차례 '하면 된다!'는 확신을 주셨지만 귀에 들어오지 않았습니다. 더욱이 말씀을 듣고 현장 전도 실습을 나가야 된다는 말에 망설임이 생겼습니다. 평소 걷는 것 자체가 힘들기도 하고, 사실 이런 제 모습을 보이기 민망하기도 했던 것이 저를 더 망설이게 만들었습니다. 하지만 떠밀림당하듯 나섰지만 막상 배운 대로 많은 사람들 앞에서 구호를 크게 외치자 조금씩 기쁨이 밀려오기 시작했습니다. 그리고 마음 한구석에서 뿌듯함도 느껴졌습니다.

드디어 셋째 날 새벽. 제겐 더 없이 특별한 날이었습니다. 바로 살아계신 하나님께서 당뇨합병증을 고쳐 주시는 놀라운 성령체험을 하게 된 겁니다. 그 사건 이후 제 마음은 점점 뜨거워졌고 점점 자신이 넘쳐났습니다. 실제로 그날 현장 전도 실습을 나갈 때 저도 모르게 자진해서 앞장서서 전도지를 들고 나가는 제 모습을 발견하게 되었습니다. 전도목표 작정 시간에는 조금도 주저함 없이 초청 주일까지 100명을 전도하겠다고 자신 있게 작정하였습니다. 제 아내 역시 약속대로 3,000명을 작정하였습니다. 할렐루야! 불과 이틀 전만 해도 전혀 상상조차 못했던 일들이 벌어지고 있었습니다.

집회가 끝난 후 우리 교회 전도팀이 정식으로 구성되었고 일주일 동안 날마다 나가 배운 대로 선물을 들고 전도 대상자를 방문했습니다. 그때까지만 해도 마음속으로는 반신반의했던 것이 사실입니다. 하지만 하나님의 계획은 오묘했습니다. 시간이 지남에 따라 점점 전도 대상자들의 반응이 나타나기 시작한 것입니다. '믿음대로 되리라' 라는 말이 현실로 다가오는 것이었습니다. 한 영혼이라도 더 초청하기 위해 땀을 흘리며 열심히 찾아갈수록 우리는 더 큰 하나님의 사랑을 체험할 수 있었습니다. 교회는 은혜가 넘쳤고 드디어 초청 주일이 다가오자 우리 모두는 기대에 차 있었습니다.

드디어 초청 주일이 되었습니다. 그리고 정말 기다렸다는 듯이 많은 사람들이 물밀 듯 교회로 몰려오기 시작했습니다. 눈에는 눈물이 고였습니다. 마지막까지 적은 믿음으로 마음 졸였던 내 초라한 마음이 그대로 드러난 것 같아 창피했습니다. 그리고 하나님께 죄송하고 감사했습니다. 할렐루야! 우리 모두는 기쁨에 가득 차 마음이 들뜨기 시작했습니다. 전도하는 중에 많은 것을 몸소 경험하면서 집회 때 들은 말씀을 하나님의 음성으로 받아들였습니다. 그리고 믿음으로 최선을 다했을 때 정말 믿음의 고백대로 이루어지는 것을 보면서 우리는 서로 감탄했습니다. 그동안 전도를 방법과 머리로 했던 것을 회개했습니다. 이제야 전도는 영혼을 불쌍히 여기며 주님의 심장으로 하면 된다는 것을 깨닫게 되었습니다. 그저 애타는 마음으로 한 분이라도 더 만나기 위해 최선을 다하는 것이 전도라는 걸 알았습니다. 그랬더니 정말 많은 영혼들이 마치 기다렸다는 듯 몰려왔습니다. 꼭 길을 잃은 양들이 꿈틀거리며 몰려오는 느낌이었습니다. 초청하는 자리가 차고 넘쳐서 서서 예배를 드리는데 기쁘고 감사한 눈물이 흘렀습니다. 모든 영광을 하나님께 드립니다. 감사합니다. 할렐루야!

그 집회에 약수동 근처 교회를 섬기신다는 권사님이 참석하고 계셨다. 본교회가 멀어서 새벽기도는 이 교회에서 드리신다고 했다. 며칠째 보니 새벽예배는 물론이고 3일 밤낮을 하루도 빠짐없이 참석하고 계셨다. 얼굴에는 은혜가 충만했다. 칭찬을 해 드리면서 "왜 혼자 오시냐? 가족이 있으면 같이 오시라"고 했더니 남편이 오랫동안 파킨슨씨 병을 앓고 계시다고 했다. 그래서 다음엔 함께 모시고 오시라고 했다.

그날 저녁 정말 권사님이 남편 집사님과 함께 와 앉아 계시는 게 보였다. '네 믿음대로 되리라!' 할렐루야! 그날 집회 기도 시간에 하나님께서는 그 권사님 남편의 파킨슨씨 병도 깨끗하게 고쳐 주셨다. 전 교인이 뜨겁게 하나님을 찬양하며 기뻐했음은 두말할 필요도 없다. 할렐루야!

믿음으로 말씀 받고 예수 심장으로 전하는 것이 바로 전도다. 전도를 망설이는 이유 중 하나는 내가 책임지려 하기 때문이다. 오직 하라는 것만 하라! 책임은 하나님께서 지신다. 왜냐면 우리는 종이기 때문이다. 우리는 주인이 아니다. 오버하는 것은 교만이다. 그것은 나도 모르는 사이 주인 자리에 가 있는 것이다. 내가 책임지려는 것은 결국 의도하지 않아도 어느새 하나님 자리에 앉으려는 것이기 때문이다. 오직 예수 심장으로 주신 바에 충성된 종으로 최선만 다 하면 된다. 그러면 된다.

90분 반 만에 응답받은 유학생!

서울 행당동의 한 교회에서 집회를 시작하기 하루 전날, 그 교회를 위해 기도하는 중이었다. 전화가 와서 받았더니 그 교회 성도였다.

"내일 우리 교회 집회하러 오시기로 되어 있는 강사님이시지요."

"예, 그렇습니다만."

그랬더니 그분이 웃으면서 말씀하셨다.

"예! 저와 한자까지 똑같은 것 같아 반가워서 전화했습니다. 제 이름은 한OO입니다."

들어보니 그럴 만했다.

"아, 예! 반갑습니다. 그럼 저도 친척 같으니 선물 하나 드리죠."

선물이라는 말에 그쪽에서 솔깃한 듯했다.

"아! 선물이요? 좋죠!"

"제가 다른 것은 드릴 것은 없고 집회 때 꼭 맨 앞자리에 앉으세요! 순종하시면 이번에 반드시 큰 복을 받아 누리실 겁니다. 형통한 복이 올 겁니다. 할렐루야!"

그리고 전화를 끊었다.

다음 날, 강대상 앞에 섰는데 눈에 띄는 분이 있었다. 바로 어제 전화하신 한 집사님이라는 걸 바로 알 수 있었다. 서로 눈웃음으로 인사를 대신했다. 그날 이후 한 집사님은 집회 기간 내내 하루도 빠지지 않았다. 내가 말씀 드린 대로 맨 앞자리에 앉아 은혜를 받으셨다.

그분은 외환은행 지점장으로 정년퇴직하신 분이라고 하셨다. 지금은 부동산 관련 회사에 다니는데 부인과는 종교가 달라 주일만 되면 본인은 교회로 오고 부인은 성당으로 간다고 했다. 부부가 평생 종교적 갈등을 겪었고, 자녀 중 막내아들은 무신론자라고 했다. 영적으로 보면 당연한 일이다. 부모가 서로 다른 종교를 갖고 있으니 아이들이 어찌 분별하겠는가? 게다가 은행이란 곳이 얼마나 바쁜 곳인가? 하나님 보시기에 온전한 신앙생활을 하였을 리 만무했다. 그저 주일에만 겨우 나오는 신앙생활이 아니었을까? 어쨌든 그분은 순종하는 마음으로 집회기간 내내 맨 앞자리 앉아 성령 충만함을 받으셨다. 큰 은혜를 받은 한 집사님은 눈물 흘리며 전도하는 데 써 달라고 헌금 500백만 원을 드렸다. 그리고 축복기도를 받고 집으로 돌아가셨다.

그리고 바로 집회가 끝난 토요일, 집에선 무슨 일이 일어났을까? 저녁에 부인이 갑자기 툭 던지는 말, "여보 나 내일 당신하고 같이 교회 가면 안 될까?"

주여! 감사합니다. 감사합니다. 할렐루야!!

그날 저녁 내내 한 집사님은 할렐루야를 외쳤고 지금껏 누려 보지 못한 기쁨으로 충만했다. 하나님은 순종하고 감사하는 자녀에게 응답하신다.

기적은 거기서 끝나지 않았다. 무신론자인 막내아들이 취업을 위해 한미합자 미국인 회사에 이력서를 넣게 되었다. 그런데 면접 볼 때 면접관이 이력서에 기재된 종교란을 보고 이렇게 말하더라는 것이다.

"우리 회사는 믿음의 기업이라 너희 아버지가 믿는 하나님을 믿지 않으면 채용할 수 없다."

결국 아들도 취직을 위해 강권적으로 예수를 믿게 된 것이다. 할렐루야!

하나님은 신실하시다. 바로 심은 대로 거두게 하시는 것이 그 증거다. 더욱 더 은혜가 되는 것은 그 후 하나님께서 한 집사님께 24명의 영혼을 맡기셔서 특별구역으로 긴급 편성하여 구역장으로 섬기게 된 것이다. 할렐루야!! 은혜 충만, 성령 충만 받으니 만사형통의 축복을 받아 누리는 것이다.

집회 중에 반주하는 자매가 있었다. 한 시간도 빠지지 않고 열심히 반주로 봉사하는 모습이 참으로 아름다웠다. 하나님께서 꼭 축복하셨으면 하는 마음이 들었다. 그래서 마음의 소원을 물었다.

"한양대 건축학과를 졸업하고 미국으로 유학 가기 위해 미국에 있는 학교에 서류를 넣고 기다리는 중이에요."

잠시 후 그 자매는 머뭇거리며 말을 이었다.

"원래 건축학과는 5년을 공부해야 하는데 한양대는 4년이라 나머지 1년은 미국으로 유학을 가려고 해요. 아르바이트를 해서 돈을 모아 놓고 열심히 기도했는데 미국의 학교에서 연락이 없어요. 지금 기도 중인데……. 막힌 유학길이 열리는 게 기도제목이에요."

그 얘기를 듣는데 성령의 감동이 왔다. 자매에게 조심스럽게 이야기했다.

"지금으로선 어차피 유학길도 막혔는데 유학 가려고 모아 놓은 돈을 전부 전도하는 데 헌금해 보세요. 그리고 하나님께 매달리면 하나님께서는 그 믿음을 보시고 하나님의 방법대로 하나님이 원하시는 길을 열어 인도하실 거예요."

잠시 후, 그 자매는 "아멘" 했다.

다음 날 오전 집회, 그 자매는 정말 유학 가려고 모은 돈을 전부 하나님께 헌금으로 드렸다. 할렐루야!! 하나님은 오로지 하나님을 믿는 단순한 순종의 믿음을 기뻐하신다.

그리고 그날 오후 집회, 갑자기 담임 목사님이 상기된 얼굴로 올라와 긴급 광고를 하셨다. 그 자매의 유학 길이 열렸다는 것이다. 할렐루야! 조금 전 미국에서 연락이 왔는데 전액 장학금을 받고 유학생활을 할 수 있게 됐다는 것이다. 순종해서 전 재산을 드리고 축복기도 받은 지 불과 1시간 30분 만에 오랜 기도가 묵은 체증처럼 단번에 응답을 받은 것이다. 할렐루야!!

교회 등록한 지 만 1년이 되지 않는 장 잡사님이란 분이 있었다. 집회 도중 나는 내 친동생의 간증을 했다. 동생은 증권을 하다 돈을 다 잃은 경험이 있었다. 하나님께서는 우리 성도들이 증권 하는 것을 기뻐하시지 않는다고 했다. 만약 어쩌다 이윤이 났다고 하더라도 그건 하나님이 기뻐하시지 않는 돈이다. 즉 하나님의 축복과 구별된다고 했다. 투자는 투기이기 때문이다. 돈을 벌 목적으로, 즉 투기 목적으로 주식 투자를 하는 것은 도박과 같다. 주식 투자는 경륜, 경마 또는 노름과 마찬가지로 결국 망한다. 우리 기독인들은 절대로 증권 투자하지 말고 투명하게 세금을 내면서 기업을 해야 한다고 말했다. 그것이 하나님께 영광이고 또 하나님께서 그런 기업을 축복하신다고 했다.

그날 저녁 집회를 끝내고 숙소에 돌아왔다. 씻고 취침하려는데 노크 소리가 들렸다. 문을 열어 보니 젊은 남자 분이었다.

"급히 면담할 일이 있는데…… 잠깐 괜찮으신지요?"

나는 들어오라고 했다.

자신을 장 집사라고 소개한 그분의 사정은 이러했다.

"그동안 사무용 가구점을 경영하면서 주식에 손을 대기 시작했습니다. 많은 돈을 잃어버렸지요. 그래서 본전 찾고 더 축복하시면 성전 건축헌금도 드리려고 온 가족과 친지들에게 돈을 빌려 증권에 투자했습니다. 그리고 하나님께 주식을 올려달라고 열심히 기도하는 중이었죠. 그런데 오늘 말씀 중에 강사님은 주식 하면 망한다고 하시더군요. 왜 성경적이 아니라고 하시는지, 만약 그게 사실이라면 저는 어떻게 해야 좋을까요? 말씀해 주세요!"

다음 순간 그분을 바라보는데 참으로 불쌍해 보였다.

그분의 말이 이어졌다.

"안 그래도 담임 목사님한테는 말씀도 못 드렸어요. 주식이 올랐으면 모르지만 잃었으니까요. 그래서 어떻게 할까 하다가 다른 유명한 목사님들을 찾아갔어요. 세 분을 찾아갔는데 그 목사님들이 한결같이 똑같은 말씀을 하시는 거예요. 한결같이…… 집사님께서 기도하시면서 감동되시는 대로 하세요……. 목사님도 그렇게 얘기하시는데 강사님은 다르게 얘기하시니……."

더욱이 그 당시 내 직분은 집사였다. 그분이 말은 안 했어도 얼굴에 '헷갈립니다'라는 표정이 가득했다. 그래서 단도직입적으로 말해 주었다.

"집사님, 집사님은 이미 사무용 가구점이라는 좋은 직장을 갖고 계시네요. 하나님께 전도로 충성하며 열심히 기도 드리면 하나님이 많은 사람들을 감동시키실 겁니다. 그러면 사람들이 집사님 사업장에서 물건을 사게 해 주실 것이고 또 소개해 주실 겁니다. 이건 전혀 성경에 위배되는 방법이 아니에요. 그러니 하나님께서는 집사님께 참으로 성경적인 모습으로 살 수 있게 직업을 이미 주신 거지요. 그런데 여기에 증권을 하신다는 것은 바로 하나님 뜻과는 상관없이 집사님의 욕심 때문에 시작하신 겁니다.

축복 받으면 헌금 더 낸다는 것도…… 사실 속마음을 살펴보면 돈을 많이 벌었으면 하는 내 욕심을…… 하나님의 힘을 빌어 내 욕심을 채워 보려는 걸…… 그대로 이야기하면 창피하니까…… 그래도 명색이 집사인데 창피하니까…… 우아하게 보암직 먹음직하게 적당히 합리화시켜 하는 이야기일 뿐이지요. 이익을 얻은 다음에는 그때 가봐야 압니다. 그것이 사실이든 아니든 그 마음속에 이미 하나님의 뜻이 아니라 내 욕심이 들어 있다는 거죠. 하나님은 속지 않으십니다. 하나님께서 원하시는 바가 무엇인지 모르시겠습니까? 만약 하나님을 속이려 한다면 그거야말로 하나님을 만홀히 여기는 거죠. 하나님은 우리 부모님이십니다. 어느 부모가 자식이 화투판에서 노름한 돈으로 봉양한다고 기뻐하겠습니까? 또 설령 돈을 땄다고 한들 정말 그 자녀를 축복할 아버지가 몇이나 있겠습니까?

투자가 투기라면 결국 같은 이야기지요. 무슨 차이가 있겠습니까? 하나님이 기뻐하시는 것은 집사님이 땀 흘려 기업을 하고 세금을 투명하게 내서 세상의 기업인들이 예수님 믿는 기업인들은 다르구나 하고 칭찬 받는 것입니다. 그것이 또 우리 하나님 아버지께서 영광 받으시는 일 아니겠습니까?

이제 결단하세요, 집사님. 지금 투자하신 걸 다 팔면 친척에게 빌려온 돈은 갚을 수 있습니까?"

"아뇨. 그럼 정말 이것도 저것도 아무것도 되지 않아요."

나는 다시 이야기했다.

"집사님, 가까운 시일 내에 모두 정리해서 하나님께 드리세요. 그리고 열심히 전도하며 새벽기도에 하루도 빠지지 않고 참석하여 불쌍한 영혼을 위해 기도하세요. 그럴 때 하나님께서 집사님 사업장을 반드시 축복하실 겁니다. 그리고 그 빚은 하나님께서 반드시 다 갚으실 것입니다. 왜냐하면 마지막 정리한 돈을 전도하는 데, 영혼 구하는 데 드렸으니 집사님이 전도하면 반드시 하나님께서 복 주실 겁니다."

그러자 장 집사님이라는 분은 근심 어린 얼굴로 말했다.

"저녁에 교회 가서 기도 드려 보고 결정하죠."

며칠 후 아침 집회, 강대상에 수표로 두둑한 헌금 뭉치가 올라와 있었다. 봉투가 터질 것 같았다. 앞면엔 영혼 구원하는 데 써 달라고 적혀 있었다. 그날 집으로 돌아간 장 집사는 뜬눈으로 밤을 지새며 결단하고 주식을 정리했다. 그리고 전부 제단에 드린 것이다. 축복 기도를 드리는데 참으로 뜨거운 눈물이 흘렀다. 전심으로 하나님께서 복 주시길 기도했다. 정말 기도할 수밖에 없었다.

지금 그분은 어떻게 되었을까? 할렐루야! 하나님께 합격하여 영육간 가장 높은 점수를 받는 전도부장을 맡아 하늘의 장을 잘 누비고 있다. 할렐루야!!

강북의 한 교회에서 집회를 할 때였다. 웬 잘생긴 키 큰 청년이 강대상 앞에 앉아 있었다. 이름을 물으니 문00라고 했다. 그는 웃으며 교회 나온 지 한 달도 채 되지 않았다고 했다. 나는 그를 맨 앞자리로 나오라고 했다. 그 청년에게 "우리 예수님은 오래 믿은 사람이라고 역사하시는 것이 아니다. 교회 나온 지 한 달이 채 되지 않았어도 단순하게 순전한 믿음으로 믿고 의지할 때 역사하신다"고 말해 주었다. 또 사람은 믿음의 대상이 아니고 사랑의 대상이니 꼭 하나님을 믿고 사랑으로 사람들을 대하면 된다고 했다. 그리고 마지막으로 집회 기간 내내 새벽 예배를 포함해 한 시간도 빠지지 않고 다 참석하면 꼭 기도제목이 응답될 것이라고 덧붙였다. 청년이 "아멘" 하고 대답했다. 이 청년은 주일에만 세 번 교회 나온 것이 신앙생활의 전부였다. 청년의 직업은 안마사였다. 담임 목사님 사모님이 전도하셨다고 했다.

다음 날 새벽, 단순한 믿음을 가진 그 청년은 정말 집회 기간 내내 맨 앞자리에 앉았다. 그리고 한 시간도 빠지지 않고 큰 은혜를 받았다. 마지막 날 새벽, 그 청년의 감사헌금이 올라왔다. 그리고 간증을 했다.

"하나님께서 제 손가락을 고쳐 주셨어요. 저는 원래 손가락이 휘어져서 있었어요. 일을 할 때도 늘 힘이 들고 피곤했죠. 그래서 일에 지장이 많았는데 그 휘어진 손가락을 하나님께서 오늘 새벽에 고쳐 주신 거예요. 뜨겁게 기도 드리는데 갑자기 손가락 끝에서 번갯불이 번쩍였어요. 다음 순간 마치 감전된 것처럼 손끝에서 팔을 지나머리 끝까지 전기가 오더니 감쪽같이 손가락을 치료해 주셨어요."

잘생긴 그 청년은 울음을 터트렸다. 예수님을 믿은 지 한 달도 채 되지 않은 그 청년은 이제 주일에는 가게 문을 닫고 주일성수하겠다고 약속했다. 그리고 앞으로 새벽기도도 빠지지 않고 가게 오는 손님들을 전도하겠다고 했다. 온전한 십일조까지 하나님 앞에 약속했다. 할렐루야! 살아계신 하나님!

  그 후 그 청년의 소식을 들었다. 목사님을 통해 결혼할 배우자도 교회로 전도했고 지금 믿음 생활 잘 한다고! 오늘도 살아 역사하시는 하나님! 감사합니다! 할렐루야!!

전도는 하나님의 차리신 밥상에 숟가락 얹기

성경에 보면 예수님께서 말씀을 가르치실 때 한 중풍병자의 친구들이 중풍병자의 침상을 메고 지붕으로 올라가 지붕을 뜯고 중풍병자를 달아 내리는 구절이 나온다. 예수님께서 그 친구들의 믿음을 보시고 "소자야, 네 죄 사함을 받았느니라" 하고 말씀하신다. 그리고 이어 "네 침상을 들고 걸어가라!"고 하시자 그 중풍병자는 하나님께 영광을 돌리며 걸어간다.

시흥 지역의 한 교회에서 집회할 때였다. 3박 4일 집회 중 정말 성경에서와 같은 일이 일어났다.

둘째 날 집회. 강대상에서 가만히 보고 있자니 저만치 힘 좋은 성도 한 분이 웬 중풍병자를 전도하여 업고 들어오는 모습이 보였다. 꽤 무거워 보였다. 다른 한 분이 옆에서 떠받치고 해서 겨우겨우 성전 안으로 들어오고 있었다. 어찌나 무거운지 둘이서 힘을 다해 겨우 업어다 일단 성전 바닥에 눕혀 놓는데, 보기 드물게 덩치가 큰 분이었다. 오후에 현장 실습 때 전도한 분인 것 같았다. 마치 예수님 사역 당시의 모습이 떠올랐다. 친구들이 메고 왔던 중풍병자 말이다. 그 환자는 혼자서는 전혀 걸을 수 없었다.

집회 중에 온 성도와 함께 그분을 위해 기도했다. 기도가 시작되고 얼마 후 그분은 기절하셨다. 한 시간 가량 지났을까? 힘을 다해 기도한 뒤 다시 말씀을 전하고 있었다. 그분을 잠시 잊은 채 은혜의 말씀을 나누는데 갑자기 사람들이 웅성거렸다. 잠시 후 왠지 옆에서 뭔가 움직이는 느낌이 들었다. 이상한 느낌이 들어 고개를 돌렸을 때 그 거구가 스르르 움직이는 게 보였다. 바로 눕혀 놓았던 그 중풍병자였다. 다음 순간, 그분이 원래 멀쩡한 사람처럼 손을 비비면서 자신이 업혀 들어왔던 문 쪽으로 걸어가는 것이 아닌가? 뒤늦게 그분을 발견한 성도들은 모두 자신의 눈을 의심했다. 깜짝 놀라 이 장면을 쳐다보던 성도들은 함성을 지르며 하나님께 영광의 박수를 올렸다. 할렐루야!!

집회 기간 중 현장 실습을 통해 구원돼 온 영혼, 영육의 질병을 앓고 있어 업고 온 중풍병자를 하나님께서 영육 간에 깨끗이 치료하신 것이다.

춘천시 감리교 연합집회 때였다. 마지막 날 현장실습을 나갔다.
한 권사님이 28세 된 키 큰 청년을 전도해 오셨다. 그런데 이 청년은 정신병자였다. 강원대학교 1학년 때 귀신이 들려 학교를 그만둔 상황이었다. 머리가 너무 좋은 청년이었다. 부모님은 두 분 모두 교사였고 모두 불교에 집중하고 있었다. 외가의 할아버지 할머니는 모두 무속인이고, 친할아버지 할머니는 무속신앙이라고 했다. 결국 집안에 예수 보혈이 흐르지 않으니 마귀의 영이 자연스럽게 그 청년에게 들어간 것이었다.

성경 말씀대로 자녀는 부모의 상급이다. 부모의 삶이 자녀들에게 열매로 나타나는 것이다. 이 원리로 천대까지 복을 받는다는 것이 성경의 진리다.

집회가 감리교 연합집회라 많은 목사님과 장로님과 성도님들이 참석해 있었다. 그 청년은 집회 기간 중 주님을 영접하게 되었다. 마귀가 예수 이름의 권세에 항복하고 떠나간 것이다. 마귀에게 사로잡혀 종노릇하다가 천하보다 귀한 하나님의 자녀가 된 것이다. 할렐루야!

현장에 나가서 보면 하나님께서 이미 준비시키신 영혼을 만난다. 전도는 내가 하는 것이 아니다. 내가 준비하고 요리하고 밥상을 차리는 것이 아니다. 하나님께서 준비하신 재료로 하나님께서 가르쳐 주신 방법대로 요리하면 된다. 하나님이 그 시간에 펼쳐 놓으신 대로 순종하여 밥상만 같이 차리면 되는 것이다. 말 그대로 다 차려진 밥상에 수저만 하나 더 얹으면 된다. 이 일이 바로 전도에서 우리가 하는 일이다.

중요한 것은 순종해서 추수할 밭에 나가는 일이다. 밭에 나가지 않으면 도대체 추수할 이삭이 보이지 않는다. 자명한 이치다. 마찬가지로 전도하러 나가지 않으면 전도할 영혼이 없는 것 같다. 전혀 보이지 않는다. 그러나 믿음으로 나가면 비로소 예비된 영혼을 하나님께서 붙여 주시는 것이다. 행함이 있는 믿음, 보내 주실 것을 믿고 일단 나가야 한다. 문을 밀고 나가는 자만이 기적을 맛본다. 전도는 철저히 하나님의 작품인 것이다.

Part 2

알코올 중독보다 더 센
예수 중독!

재능? 무릎 꿇지 않으면 교만의 자리가 됩니다!

정읍의 교회에서 집회할 때 일이다.

담임 목사님은 원래 한의사 출신으로 뭐든 만들고 연구하던 분이었다. 식사를 하기 위해 식당에 가면서 언뜻 보니 차 계기판에 기름이 없었다. 바늘이 바닥에 붙어 있었다.

"목사님, 연료가 하나도 없는 것 같은데요. 주유하고 가시지요."

"예! 강사님! 이 차는 물로 가는 차기 때문에 괜찮습니다. 안심하세요."

"오호라~ 아! 예."

정말 진짜 그럴지도 모른다고 생각했다. 식사를 맛있게 하고 교회로 오던 중에 보니 차 소리가 조금 이상했다. 그런가 했더니 급기야 차가 서 버리는 게 아닌가?

"이상하다. 아직 눈금이 남아 있는데."

시계를 보니 집회 시간이 다가오고 있었다.

마음이 급한데 목사님께서 웃으면서 말씀하셨다.

"이 차가 이래 보여도 휘발유 가스 겸용차거든요. 휘발유는 말씀하신 대로 아까 바닥났고 가스로 운행 중이었는데 이상하네요. 아직 눈금에는 많이 있는데, 아마 가스가 바닥난 것 같습니다."

주여! 그러면서 하시는 말씀이 걸작이었다.

"휘발유 값이 워낙 비싸서 휘발유도 만들어 쓰고 있어요. 돈이 절약되거든요."

나는 그 비법을 좀 가르쳐 달라고 했다. 그랬더니 하시는 말씀.

"안 돼요! 함부로 가르쳐 드리면 잡혀가요!"

어릴 적에는 소문난 개구쟁이셨다는데, 어쨌든 특별한 목사님이셨다. 자신이 한의사이기 때문에 집회에도 각종 환자가 많이 올 거라고 말씀하셨다.

집회 첫날, 목사님에게 찾아온 환자분이 계셨다. 김포에서 목회를 하신다는 여자 목사님이셨다. 50세가 넘은 분으로 혼자 살고 계셨다. 유방암 말기라고 하셨는데 얼굴이 많이 말라 있었고 몸에서도 썩는 냄새가 진동했다. 병원에서도 포기했다며 마지막으로 이 한의사 목사님에게 치료 받으러 오셨다고 하셨다. 어릴 때부터 천재로 불리며 학교에서 늘 수석을 차지하셨고 신학대학교에 가서도 대학원까지 수석을 하신 분이라고 했다. 세상의 지식이나 학문에 모두 수석이셨고 결혼도 하지 않고 목회하시는 분이 어찌 이런 몹쓸 병에 걸렸을까?

그 여자 목사님을 보고 있자니 긍휼한 마음이 들었다. 예수님의 마음이 그러셨으리라. 나는 그분께 맨 앞자리로 나와서 앉으시라고 했다. 그리고 이렇게 말했다.

"3박 4일 동안 한 시간도 빠지지 않고 맨 앞자리에 앉아 참석하시면 꼭 고쳐 주실 겁니다. 지금까지 모든 지식과 학문의 차원을 깨뜨리고 목사님이 죽어지면 반드시 하나님께서 고쳐 주실 겁니다. 이번에 꼭 고쳐 주시리라는 은혜를 사모하고 참석해 주세요. 그러면 반드시 기적은 일어납니다."

그 목사님은 단번에 "아멘" 하셨다.

집회 기간 내내 그 목사님은 그 힘든 몸으로 말 그대로 하루하루 사투를 벌였다. 긴 시간을 참고 견뎠다. 자신을 죽이고 오직 성령을 사모했다.

마지막 날! 마침내 세상의 의사들이 못 고치는 암 덩어리가 떨어져 나갔다. 유방암이 완쾌된 것이다. 할렐루야!!

병이 낫는 원리는 분명하다. 사람마다 자신이 잘하는 것, 그래서 믿고 있는 것들이 하나씩 있다. 그게 바로 자신들만의 우상이다. 이것이 교만을 갖게 한다. 그분 역시 남들보다 탁월하고 똑똑해서 자신이 잘 아는 세상의 지식이나 학문을 하나님보다 더 신뢰했다. 지식이 우상이 된 경우였다. 하나님께서는 병을 통해 그리고 치유를 통해 그 인생의 주관자가 하나님이심을 다시 알려 주신 것이다.

고난은 자신도 모르게 하나님보다 더 신뢰하게 된 그 대상, 굳어진 그 우상을 깨뜨려 버리기 위해 만드신 과정이다. 고난은 어느새 자신도 모르게 교만해진 부분이 부서져 나가는 터널이다. 그날 그 여자 목사님께서는 그동안 자신도 모르게 교만했던 부분을 회개하셨다. 간증을 통해 이제 남은 삶은 하나님을 증거하면서 살겠다고 눈물을 흘리셨다. 열심히 전도하며 목회 전념하겠다고 하셨다. 하나님께 영광을 돌릴 때 전 교인이 하나님을 찬양했다. 할렐루야!!

백만 원을 헌금한 성도!
초등학생 맞습니까?

부산에서의 일이다.

지금은 부흥해서 연산동 로터리 부근의 큰 교회로 이사한 교회가 있는데, 큰 교회로 이사 가기 직전에 이전의 작은 교회에서 집회를 가졌다. 담임 목사님께서 성도님들의 성령 충만과 영성을 깨우기 위해 계획하신 집회였다.

"부산은 다른 지역보다 강사님들이 집회하기 힘든 곳입니다. 영적으로 마귀들이 워낙 강하게 역사하는 터라 교회 부흥도 힘듭니다. 실제 부산의 70~80%가 미자립 교회입니다."

이런 목사님의 말씀을 듣고 하나님이 승리하실 멋진 한판 승부를 위해 더욱 사력을 다해 기도했다.

그 집회 기간 중, 3박 4일 내내 한 번도 빠지지 않고 반주로 봉사한 자매가 있었다. 피아노 학원 강사인데 휴가를 내고 봉사하는 중이라고 했다. 그 자매는 장로님 딸이었는데 장로님 역시 드라마 주인공

같이 귀하신 분이었다. 반주하는 자매 외에도 동생 둘까지 모두 세 자녀를 두셨는데, 둘은 장로님 자녀이고 셋째는 처남의 딸이었다. 처남이 교통사고로 식물인간이 되어 병원에 입원한 뒤, 어린 처조카를 데려다가 자녀 삼으셨다고 하셨다. 장모님이 처남을 수발하는 사이에 그의 부인이 도망갔고 결국 장로님이 조카를 자식처럼 길렀는데 이제 그 막내가 22세라 하셨다. 참으로 쉽지 않은 일인데 그야말로 주님의 사랑을 실천하시는 분이었다. 장모님은 그 아들을 돌보느라 생긴 마음의 상처가 우울증으로 번져 매우 심각한 상태인데 치매까지 겹쳐 불평불만으로 생활하신다고 했다.

드디어 집회가 열리고 반주자 자매 가족은 집회 기간 내내 앞자리에서 은혜를 사모했다. 장모님 역시 한 시간도 빠지지 않고 참석했다. 마지막 날, 지난 22년 동안 한 번도 웃어 본 일이 없던 장모님의 얼굴에 하나님을 찬양하는 환한 웃음꽃이 번졌다. 22년 간의 우울증이 치료된 것이다. 할렐루야! 또 장로님 사모님인 권사님은 병원에서도 고칠 수 없어 포기한 만성 허리병을 앓고 있었는데 집회 기간 중 뜨거운 기도와 함께 깨끗하게 고쳐 주셨다. 할렐루야! 권사님은 울며 간증하셨고 주님 앞에 200명을 전도한다고 선포하셨다.

집회 기간 중 역사는 어른들뿐 아니라 아이들에게도 일어났다. 방학 중이라 아이들을 맨 앞줄에 앉혀 놓고 은혜를 받게 했다. 그중 초등학교 5학년 학생이 있었다. 그 아이가 집회 중에 전도하는 데 써 달라며 헌금을 드렸다. 이제 겨우 초등학생인데 그 자체만으로도 하나님이 얼마나 기뻐하실까 싶었다. 그런데 축복기도를 해 주려고 금액을 본 순간 깜짝 놀랐다. 일, 십, 백, 천, 만, 십만…… 백만? 분명 100만 원이었다. 이 초등학생이 100만 원을 헌금했다고? 다시 봤다. 분명히 100만 원이었다. 주여! 초등학생이 전도하는 데 써 달라며 제단에 100만 원을 헌금한 것이다. 믿음이 좋은 이 따님에게 전교인은 박수로 축복했다. 할렐루야!

또 초등학교 3학년 아이가 있었다. 앞으로 꿈이 세계적으로 유명한 능력 있는 목사님 될 거라고 했다. 그리고는 기특하게도 집회 기간 내내 세미나로 진행되는 내용을 공책에 적고 있었다. 이런 일도 있을까? 하나님께서 얼마나 기뻐하셨을까? 할렐루야!

하나님의 자존심을 세운
배짱 두둑한 교회!

전남 순천의 한 교회에 집회를 갔을 때 일이다.

성도들이 아주 젊은 교회였다. 교회에 권사님이 32세인 분도 있었다. 성도들이 청년 및 젊은 부부들이었고 성전이 어린아이들로 넘쳤다.

담임 목사님께서는 배짱이 아주 좋은 분이셨다. 개척하고 얼마 후 젊은 청년 위주로 12명의 성도들과 교회 건축을 시작하셨다고 했다. 5층 규모의 성전을 짓고 불과 1년 만에 200명이 넘게 부흥시킨 것이다. 목사님께서 말씀하셨다.

"지하에서 12명이 예배 드리던 중 하나님께서 지금 교회를 건축한 땅을 사라는 감동을 주셨습니다. 그래서 세상 사람들이 보면 배짱 좋게 계약을 했습니다. 계속해서 중도금, 잔금을 치러야 되는데 믿는 분은 하나님밖에 없었습니다."

목사님은 계속해서 성전 바닥에 무릎을 꿇고 기도했다.

어느 날 그 교회 청년이 자기 목사님이 통곡하며 기도 드리는 모습을 보게 되었다. 청년은 그 모습이 너무나 안타까워서 집에 돌아가 가족들에게 얘기했다.

"우리 목사님 저렇게 기도하시다가는 죽을 거 같아. 불쌍해서 어떡하지?"

눈물까지 글썽거리며 얘기했더니 누나가 그를 쳐다보았다. 예수도 믿지 않는 누나였다. 그런데 조금 뒤에 그 누나가 봉투를 하나 내놨다.

"왠지 이 돈은 목사님에게 드려야 될 돈 같구나!"

그건 누나가 남몰래 부었던 보험을 탄 돈이었다. 놀라운 건 나중에 보니 그 금액이 잔금 치를 비용과 딱 맞더라는 것이다.

이 소문은 삽시간에 퍼져 나갔다. 성도들이 목사님의 믿음을 통해 하나님의 살아계심을 보고 듣게 된 것이다. 이를 계기로 모두들 너도나도 성전 건축에 일심으로 매달렸다. 집을 팔아 월세로 가고 직장에서 퇴직금을 가불해서 12명이 드디어 기적과도 같은 성전을 건축하게 된 것이다. 교회 준공이 나기도 전에 입당하여 불과 1년 만에 200명이 넘게 전도되었다.

32세 권사님도 단기 성장의 결과로 탄생했다. 다른 교회에서 권사님이라면 50세는 족히 넘어야 하지만 이 교회의 경우 단기간에 급성장하여 연세 드신 분이 없었다. 그래서 헌신 충성하는 일꾼 중 세운 분이 바로 32세 권사님이었다. 32세 권사님을 비롯해 교인들 대부분은 개척 당시 담임 목사님께서 직접 전도한 청년들이었다. 그들이 성장해 담임 목사님께 십일조 및 헌신, 봉사, 충성을 배우고 축복 받은 젊은 성도들이 된 것이다.

하나님은 믿는 자에게 함께 하신다. 불신앙으로 세상을 바라보면 메마르고 가물다. 그러나 믿음의 눈으로 바라보며 하나님의 말씀을 붙잡고 나아가면 구원받을 영혼은 하나님께서 보내주신다. 이 교회는 알파프로그램을 통해 부흥하고 있었는데 거기에 콩나물 전도법을 접목시켜 더 큰 부흥을 기대하고 있었다.

집회 중 특히 새벽에 하나님께서 불같이 역사하셨다.

들어본 적이 없는 희귀병에 걸린 집사님 한 분이 참석하셨다. 어디든 부딪히면 시퍼렇게 멍이 들면서 바로 살이 썩어들어 간다고 했다. 주여! 유명한 대학병원을 다 돌아다녔지만 고치는 것은 고사하고 병명도 나오지 않는다고 했다. 삶을 거의 포기하다시피 한 집사님이셨다. 그도 그럴 것이 세상적으로는 전혀 희망이 없었다.

그러나 하나님은 살아계셨다. 집회 기간 중 말 그대로 깨끗하게 완치된 것이다. 그분은 눈시울을 붉히며 "앞으로 남은 삶도 간증하며 열심히 전도하겠습니다"라고 했다. 전 교인들이 감동된 것은 물론이다. 그렇다. 모든 것은 심은 대로 거두는 법이다. 12명의 헌신이 부흥의 불씨로 이어지고 집회 기간 중에 종탑이 세워지는 역사도 이뤄졌다.

농협에 근무한다는 한 여자 청년이 휴가를 내고 집회에 참석했다.

그 청년은 개인적으로 하나님께서 강사를 대접하라는 감동을 주셨다며 매번 호텔에 아침 식사를 특별 주문해 넣어 주었다. 그뿐 아니라 집회를 끝내고 나서는 기름값이라며 따로 미리 헌금을 준비해 왔다. 그 자리에서 축복기도를 하고 올라와서 보니 웬만한 작은 교회의 사례비만큼 헌금이 들어 있었다. 인간인지라 생각날 때마다 그 교회를 위해 더 무릎 꿇게 되는 것은 당연하지 않겠는가? 할렐루야!

전남 고흥군에서 집회를 할 때 일이다.
개척한 지 이제 2년이 되는 교회였다. 담임 목사님께서는 늦게 신학을 하신 분이었는데 은사가 강한 분이셨다. 시골 교회로선 보기 드물게 5층 규모의 성전을 건축하고 200여 명 성도로 부흥해 있었다. 참으로 하나님의 기적을 보는 듯했다. 다른 교회에서 문제 있는 성도들도 이 교회로 오면 정착해서 일꾼이 된다고 했다. 심지어 출교되신 분들도 마찬가지라고 했다. 오직 전도하고 헌신하는 성도들에게 하나님께서 모든 문제를 성령으로 불사르시고 오히려 그들을 통하여 성전을 건축하고 전도의 불이 붙게 하셨던 것이다.

마침내 집회가 시작됐다. 3박 4일 동안 전 성도가 참여해서 뜨겁게 기도 드릴 때 성령의 놀라운 역사가 일어나기 시작했다. 천국도 보고 지옥도 보고, 귀신이 떠나가고 중풍병자가 고침 받는 기적의 집회가 이어졌다. 할렐루야!

우리는 하나님의 마음을 감동시켜야 한다. 개인이든지 교회든지 하나님의 마음을 얻으면 복이 임하는 것이야 당연하지 않은가?

술 도매업하는 장로님

전라도 광주에서 손꼽히는 대형교회에 집회를 갔을 때였다.

집회 도중 새벽기도 시간, 걷지 못하는 예쁘게 생긴 여자아이가 눈에 띄었다. 불쌍한 마음이 생겼다. 그 여자아이를 위해 간절히 기도했다. 다음 순간 그 아이를 예수 이름으로 일으켜 세웠다. 여자아이는 두려워하는 표정이 역력했다. 흠칫하는 표정으로 울 것 같더니 잠시 후 뒤뚱뒤뚱 걷기 시작했다. 그리고 마침내 뛰기 시작했다. 할렐루야! 그리고 급기야 강대상까지 올라와 춤을 추었다. 할렐루야!

전 성도는 물론 담임 목사님께서도 놀라워하며 그 모습을 똑똑히 보고 계셨다. 기적은 거기서 끝나지 않았다. 마침내 그 아이에게 들어갔던 귀신도 떠나갔다.

그날 많은 병자들이 예수 이름으로 고침 받았다. 담임 목사님도 큰 감동을 받으신 모습이었다. 전 성도들이 뜨거워져 그 열정 그대로 전도 작정을 했다. 눈물이 범벅이 된 채 어떤 분이 1000명, 다른 분이 500명을 하겠다고 소리쳤다. 담임 목사님도 듣고 계셨다.

마지막 집회를 마치고 담임 목사님 방으로 가서 인사를 나눴다. 그런데 목사님께서 하시는 말씀이 의외였다.

"강사님, 죄송합니다. 사과 드리겠습니다. 저는 강사님이 평신도라 사실 얼마나 하시겠냐 생각했었습니다. 솔직히 초청했으니 예정된 기간이나 그럭저럭 불이 붙으면 좋겠다고 생각한 정도였지요. 너그러이 용서하십시오."

"아. 아닙니다……."

"그리고 저 사실은 부탁이 있습니다. 제가 오래전부터 허리가 너무 아파 죽을 지경입니다. 아까 강대상에서 기도 받으려니 성도들 보는 눈도 있고 해서 못 올라갔습니다. 지금 여기에는 보는 사람도 없으니 제게 손을 얹어 기도해 주실 수 있는지요."

누구의 자존심이 상한다는 것일까? 하나님의 자존심, 아니면 목사님의 자존심? 어차피 강사도 인간의 힘이 아니라 하나님의 권능으로 하는 것인데, 더욱이 각자 은사가 다르지 않은가.

개봉동의 한 교회에 집회를 갔을 때 일이다.

식사를 하면서 담임 목사님을 뵈니 예전에 주먹깨나 쓰신 듯했다. 머리를 짧게 자르고 기름을 발라 아주 반듯하게 뒤로 빗어 내리셨다. 일명 깍두기 스타일이셨다. 그뿐 아니라 풍채도 100킬로는 족히 넘어 보였다. 세상에 나가면 꼭 보스처럼 보일 외모였다.

그런데 성도님 중에도 외모가 목사님과 비슷한 분이 계셨다. 그

분이 식사 대접을 하셨는데, 목사님 사돈으로 안수집사님이라고 하셨다.

"아, 귀하시네요. 그럼 하시는 일은 어떤 일을?"

"네! 술 도매를 합니다."

"네?……"

분명 술이라고 들은 것 같았는데……. 그럴 리가? 피곤해서 그런가? 헛것이 들리다니! 스스로를 책망하며 얘기를 계속 들었다.

"직원이 28명입니다. 제가 시작한 건 아이고요, 선친이 물려주신 기업이라 그냥 운영하고 있습니다. 어쩔 수가 없어서요!"

순간 머리가 복잡해졌다.

주여! 하나님께서는 어떻게 생각하세요? 사장님은 구원 받아 천국 가시겠다고 교회에 나와 예배 드리는데 28명의 직원은 큰 차에 술을 싣고 나이트 클럽에 다니며 세상 사람들을 술 취하게 만들고 있네요. 또 슈퍼마켓과 그 밖에 많은 곳으로 술을 실어 보내잖아요. 주님 어떡해요? 한쪽에선 수많은 영혼을 죽이는 보스 역할을 하면서 다른 한편으로 자기 가족은 구원시켜 달라고 하는데……. 주여! 이럴 때 어떡해야 하나요? 사장님은 구원받고 안수집사 직분도 받으셨잖아요. 그러면 다른 성도들에게 본이 되라고 세우신 건데 전혀 본이 안 되잖아요. 오히려 시험에 들게 할 수도 있잖아요. 어떡해요? 힘들더라도 결단해서 기업을 정리하고 기도 중에 우리 아버지께 구하면 더 좋은 문을 열어 주실 텐데……. 선친은 몰라서 그랬다 하더라도 그분은 안수집사니 알면서도 그러면 안 되는 거 잖아요.

그날 저녁 집회, 그분의 부인이 같이 참석했다. 멀리서도 한눈에 띄는 분이었다. 색색으로 머리를 물들였는데 그분 사모님인 걸 단번에 알 수 있었다. 죄송한 이야기지만 마치 무당 같았다.

다음 날 새벽, 예배 때 그분 모습이 보이지 않았다. 집회 기간 내내 그분이 마음에 걸렸다. 시간이 지날수록 염려되는 마음마저 생겼다. 그리고 그 교회를 살려보고 싶은 마음에 슬그머니 그분께 술장사에 관해 언급했다. 그랬더니 부모로부터 받은 유산을 어떻게 하겠냐고 하셨다. 대신 그 수익금으로 십일조도 드리고 교회에서 좋은 일 많이 하고 있다며, 담임 목사님께서 해외선교 가실 때도 전적으로 부담하고 있다고 말씀하셨다. 그리고는 오히려 거꾸로 나를 이상한 시선으로 쳐다보는 게 아닌가? 그만 이야기를 접고 말았다.

나중에 더 심각한 이야기를 들었다. 바로 그분이 얼마 후에 장로 장립을 받게 된다는 얘기였다. 이제 우리 귀에 '어느 교회 장로님은 술공장을 하신대요!' 라는 소리가 들릴 판인 것이다. 우리 하나님께서 언제 술 도매업을 시작하셨는가요? 우리 재물은 모두 주께서 하나님의 복음을 위해 쓰라고 주시는 것인데 이러면 복음이 전해지기는커녕 오히려 복음 전하는 일이 막히잖아요. 하나님 영광을 가리게 되잖아요?

하나님, 부디 이 교회를 불쌍히 여겨 주셔서 회개케 하여 주옵소서. 하나님께서 역사하여 주시옵소서!

헌금으로 투기하는 교회는 돌보지 않으십니다

부천에 있는 한 교회에 집회를 갔을 때였다.

도착해 보니 조립식이라 거의 방음이 되지 않는 건물이었다. 평소에도 예배 소리가 시끄럽다고 주변에서도 자주 항의하고 시청에도 진정이 올라간다고 했다. 그래서 목사님께서 부탁하는 말씀인즉 '조용히 집회하자'고 하시는 게 아닌가? 하지만 하나님을 찬양하면서 자장가 부르듯이 조용조용 집회를 하겠는가?

마침내 집회가 시작되자 불같이 찬양을 인도했다. 또 기도 시간에도 통성으로 예배를 인도하기 시작했다.

집회 첫날, 예배가 끝나고 밖으로 나왔을 때 저만치 어둠 속에서 뭔가 펄럭거리고 있었다. 조심스럽게 다가가 살펴보다가 그만 깜짝 놀라고 말았다. 교회 담벼락 바로 옆이 만신기를 꽂아 놓은 무당 귀신의 집이었다. 어둠 속에서 펄럭이던 건 바로 그 귀신 만국기였다. 하늘에서 보면 교회와 귀신의 집이 바로 붙어 교회는 힘도 없이 자는 것처럼 조용하고 귀신은 살판나게 설쳐대는 형국이었다. 영적으로 보면 그동안 교회에서 찬양이나 기도 소리가 크게 들리면 그 무당이 주도해 주위의 주민을 선동했던 것이다. 곧 교회를 죽이려고 마귀가 하는 짓이었다. 하지만 막상 목사님은 그것을 모르고 계시는 것 같았다. 그러니 합리적인 인간의 생각만으로 예배를 절제할 수밖에. 그래서 교회가 부흥이 되지 않고 성도님들의 심령은 점점 메말라 죽어가고 있었던 것이다.

그리고 가만히 생각해 보니 하나님께서 이를 불쌍히 여겨 나를 이곳까지 보내신 것 아닌가 하는 생각이 들었다. 우리는 영적인 존재이기 때문에 말씀과 찬양과 기도가 호흡이요 양식인 것이다. 그런데 천국 백성이 마음껏 소리 높여 찬양도 기도도 못한다면 영이 눌려서 육신의 질병도 많은 것이다. 만약 그러한 상황이 분별이 된다면 예배 시간에 무당집 귀신이 잘 들리게 창문을 열라고 해야 한다. 그래서 오히려 아주 크게 찬양을 부르고 떠나가도록 큰 소리로 기도한다면 그 무당이 다른 곳으로 이사를 가든지 회개하고 예수님을 믿든지 하게 되는 것이다.

안타까운 마음으로 집회 시간에 성령의 도우심을 구하면서 기도하는데 성도들 전체가 이 일을 위해 부르짖기 원하신다는 마음이 들었다. 마치 엘리야가 바알 선지자와 대결했을 때처럼 우리 하나님께서도 하늘에서 내려다보시고 천사들과 더불어 박수 치시며 심히 기뻐하실 것 아닌가? 할렐루야!!

담임 목사님과 점심 식사를 하고 부천 근처 중동 지역을 지나는데 목사님께서 건너편에 보이는 건물을 가리키시며 마치 자랑하듯 말씀하셨다.

"저 건물이 우리 교회에서 사 둔 건물입니다. 교회에 여윳돈이 조금 있는데 혹시라도 성도님들이 그것을 알고 빌려 달라고 할까 봐서 부동산 투기 목적으로 사 둔 거죠."

그때 내 안에 계신 그리스도의 영이 아주 민감하게 반응하셨다.

'뭐? 내가 사마리아 땅끝까지 이르러 증인이 되고 또 복음을 전하라고 했는데, 너 지금 뭐하는 거냐? 다른 교회는 빚이 많은데도 선교하고 전도하는데……. 그래! 그렇게 부동산 투기해서 오르면 그걸 갖고 도대체 무엇을 하려는 거냐?

다음 날 새벽, 많은 환자들이 고침을 받았다. 그런데 한 가지 신기한 일은 주님을 위해 물질을 헌신하시는 분은 한 분도 계시지 않았다는 것이다. 그렇다. 하나님께서 성도들의 영의 생각을 막으신 것이다. 헌신하여 교회에 물질의 여유가 생기면 무엇을 또 사서 쟁여 둘까 봐 그러신 것이다. 차라리 그 건물 사 둔 돈으로 전도하고 어려운 이웃을 섬기면 때가 차 성전을 다시 확장할 때 하나님께서 하나님의 방법으로 하실 텐데 말이다.

안타까움이 느껴졌다. 요즘 전도는 선물을 주면서 해도 복음이 잘 들어가지 않는데, 물질은 부동산 투기하고 입술로만 하는 전도는? 글쎄! 우리 하나님께서 그런 교회에 영혼을 보내주실까?

하나님 이런 교회 이런 목사님을 어떻게 생각하세요?

하나님께서 인구를 늘려서라도
안 해 주시겠습니까?

충남 부여에 있는 농촌 교회에서 집회를 할 때다.

면 소재지도 아니고 시골 마을에 있는 교회였는데 약 50여 가구가 사는 작은 마을이었다. 목사님께서는 부임하신 지 2개월 만에 국민일보를 보시고 나를 초청했다고 하셨다. 목사님께서는 전도 목표가 1000명이라고 하셨다.

"아…… 그럼 목사님 여기 사는 전체 인구가 얼마나 되는데요?"

"면 전체 인구가 약 500명 정도일걸요?"

"500명이요? 아까 1000명 전도하신다고 하시지 않았나요?"

"네, 1000명 전도할 겁니다. 하나님 아니십니까? 하나님께 매달려 방법을 주신다면…… 뭐 인구를 늘려서라도 1000명 안 해 주시겠습니까? 믿습니다!"

정말 나보다 더 전도에 미친 목사님이 여기 계셨다. 거기다 한마디 더 덧붙이셨다!

"여기 평균 연령이 68세십니다. 주일학교는 없구요."

주여! 마을에는 할아버지 할머니 등 노인분들만 계시고, 아이들이 없으니 주일학교는 없고 어르신들을 위해 목사님께서 한글학교를 만들어 가르치고 계신다고 하셨다! 교회에 도착하자마자 바로 탁! 강대상에 엎드렸다

'주님, 저를 왜 이곳에 보내셨습니까? 무슨 뜻이 있으십니까?'

잠시 후 깨달음이 왔다.

'내 백성을 찾아라. 내가 만세 전부터 택한 나의 백성. 그들이 이 속에 있다.'

우리 아버지의 안타까운 마음이 느껴졌다. 다음 순간 목이 콱 메어 왔다.

집회 첫날, 참석하신 분들을 보니 목사님 말씀대로 70세 전후의 어르신들이 대부분이었다. 할머니들에게 여쭸다.

"어르신들! 힘 크게 한 번 더 주면 지금이라도 아기 낳을 수 있으시죠?"

"호호! 할렐루야! 주님이 힘만 주시면~"

모두들 박장대소하고 웃으셨다. 하나님께서 주신 마음 그대로 선포했다.

"어른신들, 바로 이곳에 하나님께서 찾으시는 백성들이 있습니다. 주변에 믿지 않는 분들, 바로 그분들에게 미리 연락해서 꼭 모시고 오세요! 하나님이 너무 기뻐하실 겁니다."

"아멘!"

그날 저녁, 어르신들 약 20여 명이 성도님들 손에 붙들려 참석하셨다. 머리가 하얗게 새도록 고생만 하신 어르신들, 평생 정직하게 하얀 마음으로 살아오신 분들이다. 만약 하나님을 알지 못해 돌아가신 뒤에 더 큰 고생 아니, 고통이 기다리고 있다면! 가만히 생각하니 눈물이 흘렀다. 저 어르신들이 지옥에 가게 되는 이유는 단 하나! 저 분들에게 목숨을 걸고 복음을 전하는 자가 없었기 때문이다. 그나마 이 땅에서의 고생은 끝이 있지만 죽은 뒤 지옥에서 겪는 고통은 끝도 없다. 나는 우리 예수님께서 십자가에서 나를 위해 죽으심과 천국과 지옥에 대해 눈물로 증거했다. 그러자 그 자리에서 한 분을 제외하고 모두 예수님을 영접했다. 할렐루야!!

다음 날 새벽, 어떤 어르신 한 분은 귀신이 떠나면서 오랫동안 앓아오던 우울증을 고침 받았다. 또 어떤 분은 두 시간 가량 바닥을 뒹굴면서 땅을 치며 회개하셨고 병 고침을 받았다.

집회 후 실습을 나갔다. 어르신들은 마을회관 앞에서 고래고래 외쳤다.

"예수 믿으면 구원 받습니다. 예수 믿으면 천국 갑니다. 예수 믿으면 행복합니다. 이 땅에서도 죽도록 고생했는데 예수님 안 믿으면 죽은 뒤에 더 큰 고생한답니다. 억울해서 어떡합니까. 우리 함께 예수 믿고 천국 갑시다. 우리 함께 예수 믿고 천국 갑시다!"

어르신들은 구호를 외치며 춤을 추었다. 얼마나 기쁘던지! 우리 하나님께서는 천상에서 내려다보시며 더 기쁘시고 속이 시원하시리라! 마지막 날까지 농촌 집회를 마치고 올라왔다.

며칠 후 목사님께서 울먹이며 전화하셨다. 가르쳐 준 방법대로 계속 전도하고 있다고. 그리고 잔칫날(새생명축제) 무려 120명이 식사를 하셨다고 감격하셔서 말씀하셨다.

"아니, 마을에 있는 분 모두 와도 그 숫자가 안 될 텐데……. 그 많은 사람을 어디서 모셔 오셨어요, 목사님?"

"이웃 동네 면 소재지까지 다 전도해 차로 모시고 왔죠!"

"잘하셨습니다, 잘하셨어요! 하나님께 큰 영광 돌리셨네요! 할렐루야!"

또 한참이 지난 후에 목사님께서 문자를 보내오셨다.

'우리 교회가 부흥하여 앉을 자리가 없네요. 감사합니다.'

'드디어 차량을 구입하게 되었습니다. 감사합니다.'

할렐루야! 일할 사람은 방법을 찾고, 하지 않을 사람은 핑계를 찾는다고 하지 않던가? 농촌 교회도 이 목사님처럼 예수에 미친 열정만 있으면 자립할 수 있고 부흥할 수 있다. 방법은 단 하나! 전도하면 흥하는 것이고 전도 안하면 교회도 망할 수밖에 없다.

농촌 교회도 할 수 있습니다

전도에 미친 또 한 교회가 있다.

전남 순천시에 있는 교회인데 담임이신 송 목사님은 늦게 신학을 하신 분이셨다. 올해 은퇴시라는데 전도에 미친 목사님 같았다. 약 50가구나 될까 싶은 마을에 있는 교회였다.

드디어 첫날 집회 시간, 성전에 사람이 꽉 차 있었다. 나는 감격해서 물었다.

"아니 목사님, 이분들이 다 어디서 오신 건가요?"

막상 동네 성도님들은 몇 분 되지 않고 열정적인 전도로 외지에서 오신 성도님들이 50명쯤 돼 보였다. 목사님께서 30리나 떨어진 순천까지 가서서 전도해 온 젊은 부부들도 있고 다른 동네에서 오신 성도님들도 많았다.

새벽 집회 시간, 뜨겁게 기도 드리는 시간에 83세 된 안수집사님이 계셨다. 교회에 한 분밖에 없는 안수집사라 은퇴할 나이가 넘었는데도 은퇴하지 못하고 계신 분이었다. 그런데 그동안 심장수술을 몇 번하신 심장병 환자라서 교회까지 오는 300미터 거리를 두세 번 쉬어서 오신다고 했다. 뜨겁게 기도하는 동안 숨이 차서 숨을 제대로 쉴 수 없는 그분을 하나님께서 깼다 기절했다를 반복시키셨다. 그리고 마침내 하나님께서 심장병을 고쳐 주시고 회복시키셨다. 마침내 그 안수집사님이 하나님께 영광을 돌릴 때 전 성도가 찬양하였다.

집회 후 다시 그 교회 목사님께서 전화를 주셨다. 예정된 불신자 초청 잔치에 오셔서 결신시켜 달라고 말씀하셨다. 그날 다른 교회 집회가 있긴 했지만 오후 예배라 기도로 준비하고 그 교회에 갔다. 도착해 보니 교회 앞 현수막에 '불신자 초청 집회'라고 써 있었다. 어디서 전도해 왔는지 무려 100여 명이 참석하고 있었다. 그 마을 전체가 와도 100명이 안되는데 다른 마을에서 전도해서 성전이 꽉 찼다.

나는 감사함으로 울면서 천국과 지옥을 간증했다. 할렐루야!! 그 교회 담임 목사님께서는 지혜 있게 장구 치는 찬양을 통해 어르신들을 배려했다. 그 자리에는 심장병을 고침 받으신 안수집사님께서도 와 계셨다. 집회 중에 그분이 간증하셨다.

"여러분이 아시다시피 저는 교회 오는 데도 몇 번을 쉬면서 오는 사람이었습니다. 그런데 몇 달 전 집회 때 하나님께서 완전히 깨끗하게 고쳐 주셨습니다. 여러분이 오늘 영접하시고 하나님을 알게 된다면 지금까지 하신 일 중 가장 잘 하신 일이 될겁니다."

그러자 원래 그분을 알고 있던 분들을 비롯해 많은 분들이 울며 예수님을 영접했다. 참석하신 모든 분들의 생명이 지옥에서 천국으로 옮겨진 것이다.

예배 후 식사 시간, 목사님께서는 식사를 못하고 계셨다. 목사님께 이유를 물었다. "너무 감동이 돼서요……"라며 목사님은 눈물을 훔치셨다. 사실 예배 전에 '몇 분이나 오실는지' 하면서 무척 긴장하셨다며 하나님께서 우리 모두가 열정적으로 전도하는 것을 보시고 많은 영혼을 추수하게 해주셨다고 눈물을 흘리셨다. 아멘! 할렐루야! 농촌 교회도 할 수 있다.

환자가 나아서
환자를 전도합니다

부산 기장이라는 곳으로 집회를 갔다. 미역으로 유명한 곳이다.

극동방송을 들은 집사님 한 분이 담임 목사님께 추천해서 이뤄진 부흥회였다. 담임 목사님께서 식사를 하시면서 말씀하셨다.

"강사님, 기장 미역이라고 들어보셨죠? 이곳 기장은 미역으로 유명합니다. 그런데 기장은 바닷가여서 우상과 마귀들의 역사가 커요. 복음화율도 저조하죠. 최근 기장 인구가 13만 명으로 증가했고 개발이 됐는데도 막상 교회는 몇 개 되지 않아요. 그래서 특별히 부흥된 교회도 없고, 그야말로 살아남는 것이 기적이라고 할 만큼 안타까운 지역이에요."

그리고 보니 전도에 전혀 힘을 쓰지 않는 지역 같았다. 성도들의 삶의 모습이 변화되고 축복 받아야 그분들을 보고 가족과 친지가 구원될 것 아닌가? 성도들도 가난했고 목사님들도 너무 의지가 부족해 보였다.

집회 첫 시간, 강하게 눈물을 뿌리며 예수님의 마음을 전했다. 순종하는 자에게 하나님께서 반드시 주실 기도 응답을 기대하라고! 3박 4일 동안 한 시간도 빠지지 않고 참석하시는 분은 하나님께서 특별히 기도 응답과 축복과 건강을 회복시켜 주실 테니 빠지지 말고 참석하라고 강권했다.

그러자 첫날 새벽부터 저녁까지 이웃 교회에서까지 참석하여 자리를 꽉 채웠다. 정말 초대교회의 모습이 느껴질 정도였다. 성령의 역사하심이 강하여서 성도님들의 심령이 변화되기 시작했다. 그중에 위암 말기인 분이 참석하고 계셨다. 집회 중에 뜨거운 기도로 치료 받으시고 울며 말씀하셨다.

"저는 교회 나온 지 얼마 되지도 않았습니다. 흐흑…… 감사합니다. 예수님, 감사합니다. 집회 기간 동안 70명을 전도해 오겠습니다."

기적은 계속됐다. 나를 초청해 주셨던 집사님 딸은 초등학교 1학년인데 그동안 앓고 있던 눈 알레르기를 깨끗하게 고쳐 주셨다. 할렐루야! 그 집사님은 200만원 감사헌금을 드리며 전도용품을 사서 전도했으면 좋겠다고 하셨다. 우리 예수님께서 얼마나 기쁘실까! 할렐루야!!

또 한 분의 여동생이 병원에 입원해 있다가 병 고침 받고자 집회에 참석했다. 그분은 두 번 기절했다 깨어나는 동안 깨끗이 고침을 받고 돌아갔다. 그리고 병원에 가서 옆에 있는 환자에게 하나님께서 자기를 완전하게 고쳐 주시고 마음까지 평안하고 기쁘게 해주셨다며 그날 저녁에 집회에 가 보라고 권했다.

옆에 있던 환자는 목발을 짚고 참석했다. 소00라는 분이었다. 그분을 위해 기도드리는데 하나님께서 이미 택하신 영혼이라는 감동이 왔다. 그분은 바로 그날 영접하셨고 소리 내어 울면서 예수님이 주인이라는 고백하셨다. 물론 병 고침도 받았다. 이번 주일부터 꼭 예배에 참석하겠다고 말하는 그분의 얼굴은 마치 천사처럼 아름다웠다.

마지막 날 새벽에 먼저 왔던 분에게 들으니 그분이 병원에 돌아가서 주위 사람들에게 "내가 예수님을 영접하고 나니 이렇게 마음이 편하고 기쁘다. 병도 고침 받았다. 당신들도 예수 믿고 영육 구원 받으라"고 자랑했다고 한다.

그 말을 들으니 다시 가슴이 뜨거워졌다. 날마다 순교하는 마음으로, 바로 눈물로 예수님의 마음을 전하는 것이 전도다.

30년 간 핍박하던 부모님
예수님 영접 사건!

부천 교회에서 주일 오후 예배를 인도했다. 예배가 6시쯤 끝났는데 목사님께서 식사하러 가자는 말씀이 없으셨다. 주일 오전에는 금식을 해서 배가 고팠다. 강사 체면에 배 고프다고 말씀 드릴 수도 없고! 이러지도 저러지도 못하고 있는데 서리 집사님이 숨을 헐떡거리며 뛰어오는 게 보였다.

"목사님, 강사님, 함께 식사하러 가시지요."

함께 차를 타고 가면서 그분이 물었다.

"강사님, 무엇을 좋아하시나요?"

나는 엉겁결에 "그냥 싼 돼지갈비집으로 가든지요" 했다.

그분은 진짜로 돼지갈비집으로 갔다.

식사를 마치고 대접한 분에게 기도 응답을 받게 해 주고 싶었다.

"집사님 이름과 기도제목이 뭔가요?"

"아, 저요! 감사합니다. 제 이름은 김00입니다. 직분은 집사구요.

집안의 장손인데 아버지도 장남이라 문중의 제사를 몽땅 지내야 합니다. 그래서 아버지에게 복음을 전했는데 복음이 들어가기는커녕 핍박을 해서 못 견디겠어요. 그게 무려 30년 동안입니다."

다음 순간, 무릎을 꿇고 온 힘을 다해 기도 드렸다.

"집사님, 내일 새벽기도는 나오실 수 있는지요?"

"아니요, 못 나옵니다. 직장이 부평에 있는데 자동차 회사라서 일찍 출근해야 되기 때문에 새벽 예배 드리고 가면 늦거든요."

"그럼 10시 30분 오전 예배는 어떠세요?"

"아…… 오전 예배는 당연히 못 나옵니다. 제가 기능공이라서 자동차 생산라인에서 자동차 부속을 조립해 줘야 생산라인이 굴러 가거든요."

"그렇군요. 김 집사님! 제가 축복 기도를 드리긴 했어도 크게 탁월한 효과는 없을 듯합니다. 하나님이 심부름 보낸 강사 말에 순종하지 아니하시니 열매도 없을 듯합니다."

그리고는 다시 차분하게 말했다.

"집사님, 혹시 집사님 어머님하고 아버님께서 지금 돌아가셨다고 한다면 말입니다, 회사에 '우리 어머니 아버지가 돌아가셨다고 하는데 출근해서 자동차 조립해야 됩니까?' 하고 묻는다고 해 보지요. 그러면 회사에서 '장례는 다른 사람에게 지내게 해라. 당신 없이는 생산라인에서 자동차 조립이 안 된다. 그러니 출근하라' 고 하겠습니까?"

집사님은 이해를 했는지 못 했는지 고개를 저었다.

하나님께서는 순종이 제사보다 낫다고 하셨는데 1년에 한 번하는 전도 부흥회에도 육신의 생각만 하여 참석지 아니하면 30년 된 부모 구원은 누가 할 것인가? 또 무슨 축복을 기대할 수 있겠는가? 예수님은 단순하게 믿을 때 역사하신다.

다시 집사님에게 말했다.

"집사님, 지금 빨리 회사에 전화하세요. 아버님이 돌아가셔서 내일 직장에 못 간다고 하시고 집회 참석하세요."

그분은 어리둥절한 표정으로 눈만 껌벅거리면서 나를 처다보았다. '어찌 저분이 내게 거짓말 시키나?' 하는 표정이었다. 그러나 강사가 어찌 주님의 이름으로 거짓말을 시키겠는가? 다시 설명하기 시작했다.

"만약 집사님과 제가 집사님 부모님과 함께 차를 타고 가다 교통사고가 나서 우리 넷 다 죽었다고 합시다. 죽어서 우리 둘은 예수님을 믿어서 천국에 갔는데 집사님 부모님 두 분은 우상만 섬기다 복음을 거부하고 지옥에 가셨다고 해 보세요. 두 분은 음부에 떨어져서 고통 중에 눈을 들어 집사님을 바라보면서 슬피 이를 갈며 '이놈아! 이놈아! 그래 너를 낳아 주고 길러 주고 가르쳐 줬는데, 조금만 더 전했으면 교회 가서 예수님 믿으려고 했는데, 그래 너 혼자 천국에 있으니 그리 좋냐?' 하시면서 그 불꽃 가운데서 어머니 아버지가 고통받는 모습이 보이지 않으세요?

집사님, 집사님 어머님 아버님은 예수님을 믿지 않으시기 때문에 영적으로는 지금 죽은 영혼입니다. 그러니 회사에 전화하셔서 어머니 아버지 돌아가셨다고 하시고, 혹 나중에 회사에서 알게 되면 우리 신앙생활의 영적인 부분을 자세히 설명해 주세요. 진급시키시는 분도 하나님이시니 집사님이 직장 일도 하나님 일하듯이 충성하면 오히려 상관에게 하나님의 영이 임하셔서 '이 사람은 뇌물도 받지 않을 것 같고 정확하겠구나' 싶어 진급시킬 때도 집사님 같은 분을 먼저 진급시키실 겁니다. 그러니 이번 집회에서 강사 대접하고 한 시간도 빠지지 않으시면 꼭 기도 응답의 역사가 있을 겁니다. 꼭 순종하시기 바랍니다."

그 집사님은 웃기만 하고 대답이 없으셨다.

다음 날, 김OO 집사님과 부인 집사님이 손을 꼭 잡고 맨 앞자리에 일찍부터 와 있는 모습이 눈에 띄었다. 하나님께서 순종하는 자에게 어떻게 복을 주실지가 눈에 보여서 너무 기뻤다. 진짜 어머니 아버지 돌아가셨다고 하고 참석한 것일까? 어찌되었든 순종할 때에 복 주심을 약속하신 하나님! 할렐루야!

예배 끝나고 30분 정도 무릎 꿇고 기도하다가 나가서 집사님을 기다렸다. 한참 후 김 집사님이 성령이 충만하여 기쁜 모습으로 나오기에 꼭 껴안고 축복 기도를 해 주었다.

"오전 10시 30분은 어떻게 하실 건가요?"

"참석해야죠."

"그럼 진짜 아버지 어머니가 돌아가셨다고 하셨나요?"

"아뇨. 저 말고 다른 사람으로 대체했습니다. 결단하니 다 방법이 있더라구요."

그분은 밝은 표정으로 돌아갔다. 참으로 우리 하나님께서 축복하심이 눈에 선했다. 부인은 헌책방을 하신다고 했는데 부인도 책방 문 닫고 두 분이 함께 하루를 온전히 주님께 드리고 은혜를 많이 받고 있었다. 저녁 집회가 다 끝나고 다른 분이 식사 대접을 하는데 김 집사님에게 같이 가자고 했다. 그랬더니 그분이 얼굴이 사색이 되어서 말했다.

"갑자기 본가에서 호출이 왔어요. 무슨 일인지 모르겠는데…… 빨리 가 봐야 할 것 같아요. 기도 부탁 드릴께요!"

다음 날 새벽, 예배가 끝나고 담임 목사님께서 직접 식사 대접을 하시겠다고 하셨다. 설렁탕을 먹으러 갔는데 무슨 기쁜 일이 있으신지 계속 싱글벙글 하셨다. 무슨 일인지 물어도 잔뜩 뜸을 들이시더니 설렁탕 한 그릇을 다 비우신 후 핸드폰을 주시면서 어제 저녁 김 OO 집사님이 보낸 문자라며 "직접 보시죠!" 하셨다.

문자 메시지는 이러했다.

'목사님, 우리 어머님께서 이번 주에 교회에 나오시겠답니다!'

그렇다. 30년을 복음을 거부한 부모님이 강사 식사 대접하고 축복 기도 받고 강사 말을 하나님의 말씀으로 순종하고, 마지막으로 직장까지도 죽으면 죽으리라는 믿음으로 결단하고 집회에 참석했을 때, 그 믿음과 순종을 보시고 하나님께서 부모님의 마음을 감동시키신 것이다.

그렇다. 영혼 구원은 우리가 하는 것이 아니고 우리 하나님 아버지께서 하시는 것이다. 우리가 기도 드리면 악한 영이 나가게 하시고 그 사람의 생각을 바꾸게 하시고 우리에게 교회로 모시고 오도록 하는 것이 하나님 아버지의 전도법이다. 구원할 사람을 선택하시는 일도, 개인마다 구원할 방법을 택하시는 것도 다 아버지의 계획 속에 있다. 우리는 다만 하나님께서 다 지으신 논에 가서 다 익은 볏단을 말씀대로 추수만 하면 되는 추수꾼일 뿐이다. 그런데 그런 순간에조차도 악한 우리는 전도는 내가 하는 것이라 생각하고 여전히 추수하러 가라는 말씀에 순종하지 않는다. 전도할 상대조차 아직 전혀 익지 않았다고 내게 보이는 대로 믿는 것이다. 보이는 것은 믿음의 분량에 비례한다.

그날 순종으로 김 집사님은 가족 구원을 이루었다. 담임 목사님께서도 너무 기뻐서서 연신 "할렐루야!! 할렐루야!!" 하셨다. 할렐루야!

마지막 날 오전 집회 중 현장실습을 했다.

젊은 집사님 한 분이 아이를 안고 있기에 "제가 아이를 안고 있을 테니 나가서 배운 대로 실습해 보세요" 했다. 아이를 안고 교회 앞에서 서성이고 있는데 건강이 좋지 않아 보이는 할머니가 구멍가게로 들어가는 게 보였다. 유심히 쳐다보고 있자니 그 할머니는 담배를 사서 나오다 문득 나와 눈이 마주치자 담배를 얼른 주머니에 집어넣고 길을 건너오는 게 보였다. 나는 아이를 안은 채로 말했다.

"어르신 이번 주에(교회를 가리키며) 저희 교회 좀 나오시지요."

그러자 갑자기 벌벌 떨면서 "예! 아직은 안 된대요"라고 답했다.

척 보니 귀신 들린 할머니 같았다.

"왜 안 되는데요?"

"내가 처녀 적에 작두 영이 아주 센 것이 들어왔는데 아직까진 내 맘대로 안 된대요. 제가 젊었을 때 작두 타서 죽을 사람 많이 살려줬거든요."

그러면서 할머니는 벌벌 떨고 있었다. 그렇다. 귀신은 하나님의 영이 함께 하는 사람과 눈만 마주쳐도 벌벌 떤다. 무서워 떨면서 약한 척 그 자리를 빠져 나가려는 것이다. 전도자에게는 그리스도의 영이 빛으로 임한다. 이 빛에는 귀신들을 제어하는 권세와 능력이 있어 귀신 들린 자들이 꼼짝 못하는 것이다.

작두 무당 할머니는 말을 계속했다. 자기에게 들어온 작두 영이 워낙 센 놈이라서 한참 작두 탈 때는 대단했다고. 항아리에 물을 찰랑찰랑 받아 그 위에 숫돌에 시퍼렇게 간 작두를 올려놓아야 그 위에 올라갈 맘이 생겼다고 했다. 그뿐이랴! 작두 위에서 춤을 추었다고 했다.

우리는 영적 세계 속에 살고 있다. 그러나 사람들은 보이지 않는 세계를 대부분은 믿지 않는다. 보이는 세계만 믿으려 한다. 하나님은 실제로 계시고 귀신들도 영적 세계 속에 실제 존재한다. 우리 육신 안에 영이 있다. 그 영에 의하여 예수님을 믿으면 구원 받는다. 그렇지 않으면 악한 영에 사로잡혀 작두귀신 같은 귀신이 들어가서 역사하는 것이다.

그 할머니 무당은 안 그래도 자기 남편 친구 중에 장로님이 계셔서 그 장로님 교회 목사님과 성도들과 장로님이 자기를 가운데 놓고 찬양을 부르며 기도하던 중에 할머니에게 들어있는 작두귀신이 발끈한 적이 있다고 했다. 자기 육신을 데리고 성경책을 들고 옆방으로 가더니 오른팔이 마치 면도칼처럼 돌변하여 성경책을 한 장 한 장 넘기면서 무채 썰듯이 썰어 어지럽힌 적이 있다고 했다. 자기 남편은 그 조각들을 두 시간을 치우면서 학을 뗐고 다시는 교회 사람을 데리고 오지 않았다고 했다.

그 할머니는 그런 내가 어떻게 교회에 가느냐고 했다. 그래서 나는 복음을 제시하고 영접기도를 따라하게 했다. 그 할머니는 기도를 다 따라서 했는데 마지막에 "예수님의 이름으로 기도 드립니다. 아멘"에서 아멘을 죽어도 따라하지 못했다. 그렇다. 전도를 하다 보면 택함 받지 못한 자들도 있다. 우리는 알 수 없다. 다만 누구에게든지 전하면 될 뿐이다.

주의 종은 하나님께 맡깁시다!

신림동 서울대 부근의 어느 오래된 교회에 집회를 갔을 때였다.

첫 시간에 강단에 엎드려서 무릎 꿇고 기도 드리는데 자꾸 시커먼 것이 보였다. 이상하다 하면서도 기도로 물리쳤다. 하나님께서 무슨 뜻이 있으시기에 나를 이곳에 보내셨으리라 생각하고 집회를 마쳤다.

저녁 식사를 하면서 식사를 대접해 주신 권사님께 기도제목을 물어보았다. 그 자리에는 담임 목사님, 사모님도 함께 계셨다. 그 권사님은 남편 장로님이 사업을 하던 중에 사기를 당해 억울하게 구속되어 1심에서 징역형을 선고받고 2심 재판 중인데 얼마 후면 선고공판이라고 하셨다. 그러면서 집행유예 판결이라도 받고 나왔으면 좋겠다고 하셨다. 그런 와중에 식사 대접을 받으니 강사인 내 마음이 편치 않았다. 그래서 재판에 대해 자세히 물었다. 얼마 전 재판 중에 권사님 남편 장로님이 판사와 검사에게 항의하며 난리를 쳤다고 했다.

법정에 있는 사람들도 이분이 교회 장로라는 사실을 알 텐데, 그 장로님으로 인하여 우리 예수님과 하나님께서 욕을 많이 드셨겠구나…… 그런 생각이 들었다.

장로님이 지금은 어떠시냐고 물었더니 많이 회개하신 것 같다고 하셨다. 나는 "아마도 1심에서 세상 사람보다도 더 혈기를 부리고 날뛰니 우리 하나님께서 재판장의 마음을 강퍅하게 해서 괘씸죄를 적용하여 징역형을 내린 것 같다. 그러니 장로님이 죽어져서 회개하면 2심에서는 우리 하나님께서 집행유예로 풀어주실지 모른다. 그러면 교회 근처로 이사 오셔서 남은 삶은 전도하시면서 살 수 있겠느냐"고 물었다. 권사님은 "그렇게 하겠다"고 대답하셨다. 그래서 하늘 아버지께 집행유예로 풀어 주십사 기도 드렸다.

식사를 마치고 숙소로 가는 길에 목사님께서 참 신기한 일이라고 하셨다. 그 권사님이 식사를 대접할 줄은 꿈에도 몰랐다고 하시면서 교회 사정의 내막을 말씀하시는 것이었다.

사정은 대강 이랬다. 지금 담임 목사님 오시기 전에 그 구속된 장로님과 오래된 성도들이 담합하여 이전 담임 목사님 둘을 내쫓으셨다. 그런데 지금 담임 목사님도 역시 그 장로님께서 청빙하시고는 또 나가 달라고 하는 상황이었다. 참 기가 막히는 경우였다. 장로님은 성도들이 투표하여 뽑아서 세우지만 목사님은 하나님께서 기름을 부으셔서 세우시는데 하나님의 권위에 도전한 것이다. 주여! 참으로 하나님께서 시퍼렇게 살아계신데 장로와 오래된 중직들이 교회 부흥에는 전혀 힘을 쓰지 아니하고 기득권을 내세우며 목사님을 내보내니, 대형교회가 벌써 두 번 쪼개져 나갔다는 것이다. 처음 와서 강단에 무릎 꿇고 엎드렸을 때 자꾸 시커먼 것이 보이더니 그것이 바로 교회를 어지럽히던 귀신이었던 것이다.

담임 목사님께서 노회에 보고하고 원로 목사님을 찾아가서 지금 구속된 그 장로님을 제명시켜 버리겠다고 하니까 원로 목사님께서 무릎을 꿇고 빌면서 잘 해결해 보자고 하시던 중에 그 장로님이 구속된 것이라고 하셨다. 아마도 하나님께서도 더 이상 두고 볼 수 없어서 그러신 것 같았다.

이 교회는 이미 오래전부터 담임 목사님을 중심으로 한 성도들과 원로 목사님을 중심으로 한 성도들이 서로가 대립하고 있어서 전도가 될 턱이 없었다. 성도와 성도가 사랑해야 하는데 이런 상황에서 어찌 사랑이 되겠는가? 기도 중에 하나님께서 이 교회 안에 있는 모든 귀신을 내쫓고, 주님의 포도나무에서 떨어졌던 두 가지를 붙여 봉합하라고 나를 보내신 것이라는 감동이 왔다. 이런 깨달음으로 집회를 준비했다.

집회 시간, 요한1서 4장 20절에 '보이는 형제도 사랑치 못하는 네가 보이지도 않는 나를 어찌 사랑한다 하느냐'고 하시는 아버지의 마음을 전달하고 치유 시간을 인도했다. 얼마 후 성도들은 뜨겁게 눈물을 흘리며 회개했다. 다음 순간 서로 하나가 되어서 껴안고 눈물을 흘리며 하나님을 찬양했다. 기적이 일어난 것이다. 할렐루야!!

그렇다. 타락한 엘리 제사장이 한나에게 복을 빌 때 사무엘이 잉태된 것처럼 장로님들이나 중직 평신도들은 목사님들을 위해 오직 무릎과 헌신으로 기도하고 섬기면 된다. 그러면 된다. 제사장 곧 목사님들은 하나님께서 맡기는 것이 충성된 종으로서의 자세이다. 목회자는 하나님께 속한 종이다. 우리가 직접 다루려 하는 것은 하나님께 속한 권세에 대적하는 것이다. 이는 하나님께서 제일 싫어하시는 교만이다. 하나님께 대항하는 월권 행위인 셈이다. 그분이 원치 않는 행동, 바꿔 말하면 내가 원하는 행동을 하는 것이다. 즉 내가 주인이 되는 교만한 행위가 된다.

서울 성북동의 부자 동네에 있는 교회 집회를 인도할 때 일이다. 성경 말씀대로 부자가 은혜 받기가 참으로 힘이 드는 것 같다. 부자 장로님들은 은혜 받을까 봐 두려운지 새벽에도 뒤에 슬쩍 앉아 있다가 다 도망가고 안 계셨다. 어떤 장로님 한 분은 국영 기업체에 근무하면서 뇌물을 받고 교도소에 갔다 오신 분이었다. 그래도 재산이 많아서 자식, 부인, 본인 모두 외제차를 타고 다녔는데 모범을 보여야 할 장로이면서도 새벽에만 뒷자리에 앉아 도장만 찍고 어디론가 가 버리는 것이었다. 주여! 하나님께서 이런 장로님 가정을 어떻게 보실까?

또 어떤 장로님은 너무나도 목사님의 마음을 아프게 하고 계셨다. 교회가 도로에서 한 블록 뒤로 들어와 있어서 잘 보이질 않았다. 전도해도 사람들이 잘 찾아올 수 가 없을 것 같아서 교회 앞에 있는 건물을 사서 밀어 버리고 다시 지으면 참 좋을 것 같다고 목사님께 말씀드렸다. 그랬더니 담임 목사님께서 안 그래도 건물 주인이 이 건물은 교회밖에 살 사람이 없다고 하면서 싸게 해주겠다고 적극적으로 나섰는데 한 장로님이 반대를 해서 못 사고 있다고 속상해 하셨다. 그 장로님은 성도들이 적금을 부어서 사야 된다고 하셨단다. 나는 아마도 주님이 오셔도 그 적금은 타지 못할걸요 하고 웃고 말았다.

건물 사서 교회가 잘 보이게 하고 은혜 받아 나가서 전도하면 하나님께서 영혼을 보내서서 십일조만 드려도 그 빚은 하나님께서 해결하실 수 있다. 어찌 육신의 생각으로만 사시는지! 그 장로님이 불쌍하고 측은하게 느껴졌다. 빚이 있다고 선교하지 않는다면 아마도 주님은 영원히 오시지 않으리라.

내가 세미나 중에 꼭 따라 하라는 말이 있다.

"빚 없는 교회는 비전도 없다."

반드시 3번 이상 반복시키는 구호다. 그 장로님만 은혜 받으면 모든 것이 축복이라 했다. 집회 기간 내내 그 장로님을 바라보면서 집중적으로 은혜를 구했다. 집회 마지막 날 결국 많은 은혜를 받은 장로님은 헤어지면서 "사랑합니다! 강사님" 하시면서 팔로 하트를 그려 보였다. 그 뒤 그 건물을 샀는지도 모른다.

주여, 아버지의 영광을 가리는 일이 어찌 이뿐이겠습니까? 날마다 깨어 내 속에 있는 들보를 보게 해 주세요.

전도된 교인이 양육되어 세워야 축복의 종탑입니다!

남춘천역 앞에 있는 한 교회의 집회를 인도할 때였다.

한 집사님께서 본인이 강사 사례비를 드리고 싶다고 하셨다. 담임 목사님은 젊으셨는데 참으로 겸손하셨다. 집회 기간 내내 성도님들이 은혜 받도록 목사님은 성전 뒤의 장의자에서 무릎을 꿇고 앉아 중보하셨다. 목사님을 닮아 성도님들도 참으로 단순하고 뜨거웠다. 단순하게 믿는 믿음이 역사하는 힘이 강하다.

집회 둘째 날, 새벽 예배 마치고 숙소에서 쉬다가 성령에 이끌려 산책을 했다. 성령께서는 교회 근처로 나를 인도하셨다. 문득 교회 옥상 쪽을 쳐다보니 종탑이 없고 조그마한 십자가가 비스듬히 누워 있는 것이 보였다.

아침 식사 중에 전도사님에게 십자가가 왜 누워 있느냐고 물었다. 낙뢰(벼락)를 맞아 십자가가 떨어졌다고 하셨다. 그렇다. 식사 전 산책할 때 성령님께서 나를 인도하셔서 십자가를 보게 한 것은 이 일을

143

감당케 하시기 위함이었다. 하나님이 누군가 축복하시기 위해 예비하신 분이 있다는 사인이었다. 주님의 몸된 성전 위에 종탑을 세우는 일을 위해 이 집회를 통해 누군가를 세우시려고 보내신 것이다.

오전 예배 중에 "누구 옥상에 종탑 좀 세우실 분 있으면 손들어 보세요" 했다. 그러자 강사 사례비를 내시겠다고 하셨던 그분이 두 손을 번쩍 드셨다. 그리고 "아멘" 하시는 것이었다. 나는 다시 "우리 교회도 21미터짜리 종탑을 2천백만 원 주고 세웠다. 기왕이면 이 교회에 춘천에서 제일 높은 30미터 종탑을 세웠으면 좋겠다. 그럼 3천만 원은 들 텐데 하실 분 손 드세요" 했다. 그때 사례비를 내신다던 그분과 두 분의 성도님이 같이 손을 드신 게 보였다. 할렐루야!! 하나님 사랑하기를 이와 같이 하는데 하나님께서 택한 영혼이 있으면 이러한 교회에 보내지 않겠는가? 그래서 두 분께 교회 옆에 땅을 사 두라고 권면했다.

큰 은혜를 체험하고 나니 하나님께서 기뻐하시는 일을 서로 하겠다고 나섰다. 어떤 분들은 간판 세우는 데, 어떤 분들은 전도용품 사는 데 서로 하시려고 손을 들었다. 성경에도 천국은 침노하는 자의 것이라고 했던가? 한마디로 하나님을 기쁘시게 하려는 경쟁이 치열했다.

오전에 전도 실습을 하는데 비가 엄청나게 쏟아졌다. 서로를 눈치를 보는 것 같았다. 말은 안 해도 '목사님께서 비가 많이 와서 어떻게 하죠?' 하고 묻는 것 같았다. 나는 대답했다. "비올 때도 영혼은 죽고 있으니 비가 와도 실습을 나가야죠!" 그러자 열 명씩 한 조로 해서 한 분도 빠짐없이 실습을 나갔다. 그런데 성령이 불같이 뜨겁게 역사했다. 어떤 성도님은 우산을 쓰고 가는 불신자에게 우산이 없다고 하면서 우산 속으로 들어가 그림으로만 된 책으로 복음을 제시하고 영접시키면서 걸어가시는 게 아닌가? 그야말로 하나님의 작품이었다. 할렐루야! 비가 워낙 많이 오니까 우산 쓴 불신자도 야속하게 내쫓을 수 없어서 그냥 듣고 있으니 이것이 기적이 아니겠는가? 참으로 복음에는 권세와 능력이 있다. 암 덩어리를 녹여 내리는 뜨거운 사랑이 있는 것이다.

마지막 날 새벽, 많은 환자들이 왔는데 그중에는 머리가 다 빠진 백혈병 암 환자가 있었다. 남자였는데 참으로 불쌍한 마음으로 손을 얹었다. 하나님께서 고쳐 주실 거라는 감동이 왔다. 할렐루야!! 또 관절염 환자, 당뇨합병증 환자 등 모두 하나님께서 기적적으로 고쳐 주셨다. 할렐루야!! 그 모습을 보는 성도들은 다시 한 번 살아계신 하나님을 찬양하며 눈물로 감사 기도를 드렸다.

춘천에 다른 교회 집회를 갔을 때였다.

현장 실습을 하던 중에 전에 남춘천역 교회 성도님을 만났다. 그 교회는 집회 후 앉을 자리가 없을 정도로 전도가 되어서 성도들이 서서 예배 드린다는 소리를 듣고 눈물이 흘렀다. 겸손하신 담임 목사님은 그때 집회에서 은혜를 받으시고 더욱 더 전도 열정이 커지셔서 매 주일 새 신자가 등록하지 않으면 아예 새 신자석에 앉아 금식하신다고 하셨다. 그래서 주일에 새 신자가 없으면 우리 목사님 금식하신다고 제직들이 전도에 열을 올리니 앉을 자리가 없을 정도로 최단기간에 부흥이 됐다는 것이다. 할렐루야! 하나님 아버지의 마음을 감동시키니 기적의 역사가 일어나는 것이다. 또 재직들도 같이 금식해 가면서 전도하니 하나님께서 많은 영혼을 보내시는 것이다.

종탑을 세운 그 집사님은 아예 교회 옆으로 이사 와서 교회에서 살다시피 하시면서 전도한다고 했다. 그 종탑을 세우기 전에 사모님께서는 만 3년 넘게 종탑을 위해 기도 드렸다고 한다. 3년 전에 벼락을 맞아 종탑이 망가지자 목사님께 "목사님, 우리 종탑 좀 세웁시다!" 하니까, 목사님께서 "안 됩니다. 전도되어 오는 교인들이 양육되어 세워야 하나님께 축복 받을 거 아닙니까?" 하시면서 거부하셨다고 한다. 그렇게 3년을 기도했는데 이번에 기도가 응답되었다고 하시며 사모님께서 눈물을 흘리셨다고 한다. 하나님께 순종만 하면 이처럼 역사가 일어나는 것이다.

그 후 이 교회에서 집회를 두 번 더 했는데 전도사님께서 감사 편지를 보내주셨다. 내용을 소개하면 다음과 같다.

너무나 열정적이고 하나님을 향한 순수한 마음을 갖고 계신 분, 그리고 하나님께서 기뻐하시는 일이라면 오직 순종하며 나가시는 강사님을 우리 교회에 보내주신 하나님께 감사를 드립니다.
이번 기회를 통해 저 역시 개인적으로 예수님을 위해 한번 온전히 미쳐 보리라는 각오를 가지고 전도 집회에 임했었습니다. 집회 중에 해 주신 강사님의 간증을 들으며 게으른 나 자신을 회개하며 많이 울었습니다. 목숨을 걸고 마음먹은 것들을 해내는 열정을 보며 저 역시 한번 해 보자는 굳은 의지로 결단을 했습니다. 택시기사 시절 전도 이야기를 하실 때 함께 들었으면 좋겠다 싶은 교회 집사님의 얼굴이 떠올라 안타까웠습니다. 그런데 정말 다음 날 그 집사님 참석했을 때 얼마나 기쁘고 감사했는지 모릅니다. 우리 지체들이 주 안에서 함께 세워져 가는구나 싶었습니다.

전국을 다니시며 하나님이 주신 능력으로 주 안의 형제들에게 불을 지피시고 다니시는 모습은 주님의 은혜가 아닐 수 없었습니다. 식사를 하러 가면 밥만 먹는 것이 아니고 사장이든 직원이든 대화를 하면서 예수님을 전하시는 것도 보았습니다. 부끄러운 말이지만 강사님을 접대하면서 처음으로 음식점을 선택할 때 전도할 곳을 찾아보았습니다.

집회에서 큰 은혜 받고 현장 전도를 나가던 날, 먼저 세 조로 나누어 외침전도를 하고 주변 상가를 전도했습니다. 부끄러웠던 마음이 외침전도를 통해 담대함으로 바뀌는 걸 체험했습니다. 한 사람이라도 더 동참하기를 바라면서 캠코더를 직접 들고 나서며 외치는데 바로 전도가 이런 것이구나! 온몸에 전율이 흘렀습니다. 할렐루야! 특히 남춘천역에서 한 줄로 서서 찬양을 하고 "예수 믿으면 구원받습니다!" "예수 믿으면 천국 갑니다!" "예수 믿으면 행복합니다!"라고 외치기만 하는데도 진짜 행복했고 가슴이 벅차 올랐습니다.

주변 분들의 반응은 더욱 놀라웠습니다. 그 전까지 전도지 한 장만 드려도 장사에 방해된다고 귀찮아하던 분들이 뭔가에 붙잡힌 것처럼 고분고분했습니다. 정말 이상한 일이었습니다. 남춘천역에서 열차가 들어올 시간이 되어 정렬을 다시 했습니다. 밝은 모습으로 외치기 시작하자 지나가던 사람들이 관심을 보이기 시작했습니다. 그뿐 아닙니다. 도로 건너편에서는 행인들이 계속 구경하며 쳐다보았습니다. 지금껏 노방전도를 한 번도 해보지 않았던 성도님들이 택시를 타기 위해 서 계시는 분들에게 다가가셨습니다. 그리고 글 없는 책을 펴 보이시고 교육 받은 대로 복음 제시를 하고 영접기도를 해 주는 것이 아니겠어요! 온몸에 전율이 오고 감동이 전해져 왔습니다.

남춘천역 앞에 난간에 앉아 계시는 할머니들이 있습니다. 청년에게 가서 복음을 전해 보라고 했는데 성령님께서 사로잡으셨는지 너무나 차분하게 잘 전했습니다. 할머니들도 너무 좋아하시며 예수님을 영접하고 영접기도까지 따라 하셨습니다. 할렐루야!

마지막 3일째 되던 날 현장 실습 훈련을 나갔는데 큰 비가 내렸습니다. 우산을 쓰고 띠를 둘렀습니다. 밖으로 나가 비를 맞아 가며 외침전도를 하고 상가를 도는데 이전 같으면 남이 어떻게 볼까는 신경이 쓰였을 텐데 오히려 매우 기뻤습니다. 너무 재미있고 신이 나서 '춘천 000 교회'로 오세요! 라고 외쳤습니다. 갑자기 지나가던 승용차가 우리 앞에 섰습니다. 그러더니 다닐 교회를 찾고 있다고 하면서 전도지를 하나 달라고 했습니다! 할렐루야! 하나님께서 비가 오는 중에 전도하는 우릴 보시고 보내주시는 것만 같았습니다. 외치기만 해도 붙여 주시는 것을 경험하는 순간이었습니다. 상가를 돌아보면서 정말 이미 익은 열매들이 많구나 하는 것을 느낄 수 있었습니다. 예수님께서 말씀하신 "이미 희어져 추수할 때가 되었으니"라는 말씀이 실감 나는 순간이었습니다. 귀로만 듣던 말씀을 직접 눈으로 보는 감격이란!

헌신의 시간을 가질 땐 우리 교회의 기도제목들이 응답 받는 시간이기도 했습니다. 낙뢰로 인해 교회 종탑에 불이 안 들어온 지가 오래되었는데도 수리비가 만만치 않아 고민하고 있었습니다. 그런데 은혜를 받으니 자원하시는 분들이 생겼습니다.

"제가 하겠습니다."

교회를 안내하는 입간판 세우는 일에도 많은 분들이 동참하셨습니다. 전도용품과 도구를 구입하는 데도 많은 분이 자원했습니다. 하나님께서 우리의 필요를 아시고 이번 집회를 계획해 주셨구나 생각했습니다. 정말 하나님이 함께 하심을 보고 너무나 감사했습니다. 바로 성령 받은 나, 성령 받은 우리가 하나님의 큰 일꾼임을 다시 한 번 느꼈습니다. 3일 간의 일정은 우리 교회에 말 그대로 성령의 신바람을 일으켰습니다. 전도는 어려운 것이라고 생각하던 성도님들이 전도는 정말 신나고 재미있는 일이라고 생각을 바꾸었습니다.

이제 교회 안에 매일 전도대가 생기고 작지만 이 불씨가 꺼지지 않고 더 큰 불을 일으킬 수 있도록 저도 더욱 기도하며 실천하는 삶을 살겠습니다. 전도의 방법도 도구도 마음가짐도 새롭게 무장된 시간들이었습니다. 다시 한 번 진심으로 감사 드리며 기도하겠습니다.

김은심 전도사 드림

참으로 그렇다. 하나님의 종인 인간의 마음도 이렇게 기쁜데 하나님의 마음은 얼마나 기쁘시랴! 그 하나님 아버지의 마음을 느낄 때마다 순교하는 마음으로 진액을 빼면서 혼신의 힘을 다해 복음을 전한다. 우리 대장 예수님의 복음을 전하는 전도자로 세워 주신 은혜에 다시 한번 운다. 나가면 붙여 주시는 영혼이 있다. 염려하지 말고 복음 전하는 일을 쉬지 않을 때 축복 받는다.

하늘에서 묻는 첫마디는
너 뭐하다 왔니?

전주 인후동 교회에서 집회할 때였다.

담임 목사님께서는 어릴 적에 소아마비를 앓으셨는지 다리를 절고 계셨다.

주일 오후 예배를 마치고 나올 때 담임 목사님께서 나를 부르셨다. 뒤돌아보니 웬 4~5세 정도의 어린아이를 데려 오시는 게 아닌가?

"강사님, 이 아이를 위해서 기도 좀 해 주세요."

"아니 목사님, 목사님께서 직접 하시죠?"

목사님은 그냥 웃으시며 아이를 꿇어 앉히셨다. 정말 겸손한 분이셨다. 당시 나는 평신도 강사였기에 안수는 집회 중에도 늘 거룩한 부담이 되었다. 할 수 없이 그 아이를 세우고 나는 구부리고 앉아 그 아이 볼에 내 볼을 대고 간절히 기도했다.

"하나님, 이 아이 좀 고쳐 주세요. 이 아이를 불쌍히 여겨 주세요.

이 아이를 고쳐 주세요. 그래야 내일부터 하나님 살아계심을 증거하죠!"

기도를 마치고 대고 있던 볼을 떼었다. 그러고 나서 목사님께서 그 아이가 어떠한 병인지, 무슨 사연인지 말씀해 주셨다. 그 아이는 아이의 엄마가 술집을 하면서 수많은 남자를 만나다 누구 아이인지도 모르고 낳아 기르는 아이라고 했다. 그런데 이 아이가 어찌된 일인지 먹으면 다 토하고 열이 40도까지 오르내리는데 병원에서도 병명이 나오지 않는다고 했다. 세상 의사들이 포기했다고 하셨다. 그래서 아이 할머니가 마지막으로 교회 가서 예수 믿고 하나님께 고쳐 달라고 해 보자 해서 교회에 나오게 되었다는 것이다. 이야기를 듣고 보니 아이가 딱했다. 다시 한 번 간절한 마음으로 기도했다.

그날 기적이 일어났다. 아이가 기도를 받고 집으로 돌아간 뒤 아이의 열이 기적처럼 떨어지기 시작한 것이다. 그뿐이 아니다. 밥도 잘 먹고 토하지도 않고 잠 잘 자고, 정말 처음 있는 일이라고 했다. 말 그대로 기적같이 고쳐 주신 것이다. 할렐루야! 하나님께서 영광 받으시기 위해 치료해 주신 것이다. 그리고 그날 저녁 아이 엄마와 할머니가 전 교인들 앞에서 하나님이 살아계심을 눈물로 간증했다. 우리 예수님의 이름에 큰 권세와 능력이 있음을 기적같이 체험한 것이다.

그날 놀라운 역사 덕분에 이 집회가 끝난 뒤 4주 동안 전 교인이 하루도 쉬지 않고 전도 프로그램을 실천했다. 그리고 한 달 후 드디어 '천국잔치 부흥축제'가 열리던 날! 무려 그 주일에 642명이 등록하는 기적이 일어났다. 할렐루야! 오직 주님만이 영광을 받으소서!

우리가 주님 앞에 섰을 때 듣는 질문은 딱 하나라고 한다.

"네가 나를 위해 한 일이 무엇이냐? 무엇을 하다 왔느냐?"

예수님이 물으실 때 원하시는 답은 오직 하나라는 것이다.

"전도하다 왔습니다."

그 이유는 하나님께서 외아들을 이 땅에 보내신 이유도, 아들을 십자가에 달리게 하신 이유도 '천하보다 귀하게 여기시는 인간을 구원하시기 위함'이었기 때문이다. 자신의 외아들을 보내실 만큼 하나님이 가장 귀하게 여기시는 일, 그리고 스스로 십자가에 달려 죄짐을 감당하셨던 예수님이 가장 원하시는 일이 바로 이 '전도'이기 때문이다.

제주도요? 전도하러 왔습니다

제주극동방송 출연을 끝으로 극동방송 10개 방송사에 모두 출연하는 역사가 이루어졌다. 1년 365일, 하루도 쉬지 않고 술을 먹었던 알코올 중독자가 바로 나다. 그런 사람이 하나님의 은혜로 회심하고 365일 오로지 전도자로 살아가게 된 것이 기적이 아니고 무엇이랴!

제주도에 내려가던 날 아침, 표를 예약하지 않고 새벽 예배 마치고 곧바로 공항 리무진을 타고 김포공항에 갔다. 제주행 비행기 표를 사러 갔더니 전석 매진이라고 했다. 마음속으로 기도했다.

'아버지, 아버지께서 이루려는 역사를 잘 마무리할 수 있게 해 주십시오. 우리 하나님은 살아계심을 믿습니다.'

방송 미팅 시간은 11시 10분이었다. 계속 기도하는데 10시 20분 제주 행 비즈니스석 한 석이 비었다고 방송이 나왔다. 그러나 그 비행기로는 약속시간을 지킬 수 없었다. 다시 기도했다.

대기석은 40분이 지나면 오라고 항공사 직원이 말했다.

"전석 매진입니다."

나는 매표소로 다가가 그분의 눈을 쳐다보았다. 그랬더니 마치 '조금 있다 오세요!' 하는 눈빛 같았다. 잠시 후 다시 찾아갔다. 수습 사원이라는 명찰을 단 여직원에게 사정을 상냥하게 이야기했다. 하나님께서 그 수습 사원의 마음을 움직여 주셨다. 이리저리 궁리한 끝에 마지막으로 성령에 이끌리어 도착한 곳이 그 직원의 자리였다. 아무런 생각 없이 그 직원 앞에 섰는데 그 직원이 나를 보고 반갑게 말했다.

"아까도 오셨었죠?"

그리고는 방긋방긋 웃으면서 비행기표 한 장을 내 앞에 내놓지 않는가. 할렐루야!

은혜 가운데 제주공항에 도착하니 장마로 굵은 비가 쏟아지고 있었다. 택시를 타고 극동방송까지 가면서 기사분께 복음을 증거했다. 내릴 때 요금에다 2,000원을 더 내면서 예수 믿어 보니 너무 좋다고 말했다. 오늘 이렇게 하라고 하나님께서 비행기 표를 만들어 주시지 않았을까? 할렐루야!

제주극동방송은 민간인 방송으로는 세계 최대라고 했다. 현재 극동방송을 통해 12억 인구의 극동지역에 복음이 전파되고 있는데, 특히 북한 지역에 방송으로 예배 드리는 성도가 40만 명 가량 된다고 했다. 할렐루야! 극동방송을 통한 하나님의 역사가 놀라웠다.

방송을 마치고 돌아올 때도 제주발 김포행 비행기는 전석이 매진이었다. 비는 엄청나게 쏟아지고 있었다. 그런데 전혀 걱정이 되지 않았다. 그동안 경험으로 미루어 우리 아버지께서 이 일을 통해 하실 일이 또 무엇일까 오히려 기대될 지경이었다.

전석 매진인 비행기표를 얻는 일도 그랬고 비행기 수속 전에도 한 통의 전화를 받았다. 전에 다녀온 서울 은평구의 교회 수요예배에 참석한 권사님에게 걸려 온 전화였다. 그분은 연세가 무려 85세 되신 권사님이셨다. 그날 예배에 참석해 간증을 듣고 교회에 물어서 전화번호를 알았다고 하셨다. 말씀 끝에 병원에서 못 고치고 병인데 병원 갈 형편이 되지 않으니 내가 전화로라도 기도해 주면 나을 것 같다고 하셨다. 너무나 갈급하게 사정하셔서 무릎을 꿇고 전화로 기도를 드렸다. 그 후 몇 달이 지났는데 바로 그 권사님께 전화가 걸려 온 것이다. 그때 기도로 깨끗하게 나았다며 다른 아픈 데가 있는데 다시 기도해 달라고 전화를 하신 것이었다. 그분 얼굴은 한 번도 본 적이 없었다. "담임 목사님도 계신데요……" 했더니 꼭 내 기도를 받고 싶다고 하셨다. 다시 무릎을 꿇고 전화로 힘을 다해 기도를 드렸다.

얼마 후 그 권사님이 또 전화를 하셨다. 걱정이 되어서 "권사님 또 무슨 일이세요?" 하고 여쭈었더니 권사님께서 "기도만 받고 소식을 전하지 못했는데 하나님께서 깨끗하게 고쳐 주셨다"며 감사하다고 하셨다. 참으로 살아계신 하나님! 그날도 제주행 마지막 비행기를 은혜 가운데 타고 돌아올 수 있었다. 모든 영광 하나님께! 할렐루야!

알코올 중독보다 더 센
예수 중독!

부산에서 개척한 지 채 3년이 되지 않는 교회에 집회를 갔다. 성도 수가 약 50~60명이 되는 교회였다.

60세 가량 된 알코올 중독자 한 분이 그 집회에 참석하셨다. 젊은 시절 건달로 살면서 온몸에 문신을 한 알코올 중독자로, 밥은 먹지 않고 하루에 막걸리 15통을 먹지 않으면 잠을 못 이루는 사람이었다. 식량인 막걸리가 없으면 못 견디는 병으로 고통을 겪던 중 집회에 인도돼 온 것이다.

뜨거운 기도 시간, 온갖 귀신이 난리를 쳤다. 그러다 온 성도들이 그분을 위해 기도와 함께 예수 이름으로 축사했을 때 그는 거품을 내뱉으며 온몸에 경련을 일으켰다. 마지막엔 바지에 오줌까지 싸고 실신한 그분에게 다가가 입에 대고 생기를 불어 넣자 얼굴에 혈색이 돌아왔다. 그 모습을 본 성도들은 하나님 살아계심에 눈물로 영광을 돌렸다.

그분은 전도왕이 되고 싶다며 이제는 전도에 미쳐 남은 삶을 살겠다고 하셨다. 술에 미쳐 살던 알코올 중독자를 전도에 미친 전도 중독자를 만드시는 하나님은 정말 살아 역사하신다! 할렐루야!

또 고등학교 1학년 학생이 있었다. 그에게 네 살 때 귀신이 들어가 엄마가 너무도 고생하고 있었다. 귀신이 예배를 방해하는 가운데서도 성령께서 불같이 역사하셔서 예수 이름으로 부르짖을 때 그 아이에게 들어갔던 귀신이 아이를 거꾸러뜨리고 나갔다. 잠시 후 아이가 순해져서 예수님을 영접했다. 그리고 함께 노방전도를 나갔다. 아이가 "예수 믿으면 구원 받습니다. 예수 믿으면 천국 갑니다. 예수 믿으면 행복합니다" 하고 외칠 때 가슴이 불덩어리처럼 뜨거워졌다. 그 모습을 본 온 성도들이 눈물로 하나님께 감사를 드렸다.

때가 말세라 귀신들도 믿는 자를 실족케 하려고 이를 갈며 우는 사자처럼 자기의 밥이 될 성도들을 찾고 있다. 정신 똑바로 차리고 예수 보혈의 피로 무장해야 한다.

Part 3

기적은 기도하는 사람의 믿음과 **회개**로 일어납니다

죽을 병은 예수 믿지 않는 병 외엔 없습니다!

울산극동방송에서 간증 집회가 방송됐다. 반응은 정말 폭발적이었다.

연세가 드신 한 여자 집사님께서 긴급 기도제목이라고 하시면서 전화를 주셨다. 그분의 시집은 전부 무당 집안이였고, 그분은 늦게 신앙생활을 하게 되었다. 무당인 시어머니가 며느리가 예수님 믿는다고 칼을 휘둘러 결국 팔을 베이고 수술도 했다. 하지만 자녀들에게는 더 이상 귀신의 저주를 물려주고 싶지 않아 딸에게 전도했고 딸은 고등학교 다닐 때 교회에 나가기 시작했다. 그런데 딸이 교회에서 목사님과 장로님이 다투는 모습을 보고 실족하게 되었다. 결국 딸은 교회 다니기를 포기했고 세상 아이들처럼 성장해 믿지 않는 배우자를 만나 결혼하게 되었다. 결혼하기 전 집사님께서 극구 반대하셨지만 딸이 그 남자가 아니면 못산다고 해 할 수 없이 허락하게 되었다.

드디어 상견례를 하던 날 남자 어머님이 양말도 신고 나오지 않아 이상하다고 생각했다. 그런데 시어머니 될 분이 오히려 딸 가진 부모가 목이 굳다며 핀잔하는 것이 아닌가. 순간 눈을 보니 귀신이 가득 했다. 집에 돌아와 딸에게 그 남자는 안 된다고 하였음에도 악한 영의 역사로 그만 결혼식을 올리게 되었다.

결혼식 당일 양가 어머니들의 촛불 점화하는 시간, 신랑 어머니와 같이 입장하는데 신랑 어머니에게 역사하는 귀신이 집사님의 손을 꽉 조여서 순간 악한 영의 역사를 느낄 수 있었다. 그런데 신혼여행을 갔다가 그만 신랑이 교통사고를 당했다. 그후 나름 최선을 다해 혼수를 준비해 보냈는데도 부족하게 해 왔다며 신부를 핍박했다.

그뿐이 아니었다. 결혼 후 얼마 지나지 않아 신랑이 다니던 직장에서도 해고되어 실직하게 되었다. 남편이 실업자가 되자 딸이 핸드폰 대리점을 개업하게 되었는데 신랑 어머니가 돼지머리를 사 가지고 와서 고사를 지내고 굿을 하는 것이 아닌가. 그리고 돼지머리에 절을 하면서 며느리에게도 절 하라고 강요했다. 며느리가 거부하자 나중에는 폭력을 휘둘렀다. 딸은 그래도 우리 어머니께서 예수님 믿으셔서 절 할 수 없다고 했고 그때부터 말로 형용할 수 없는 핍박이 시작되었다. 그로 인하여 자궁에 병명도 없는 이상한 병이 생겨 풍선처럼 부풀어 오르더니 속으로 피가 터져서 수술을 몇 번을 해도 효과가 없다고 울면서 전화한 것이다.

나는 차분히 내용을 듣고 기도하고 말씀드렸다.

"죽을 병은 예수 믿지 않는 병 외엔 없습니다. 우리 하나님께서 그 귀신의 소굴에서 사랑하는 딸을 구원하시려고 주신 병이니 금식하시면서 새벽에 꼭 부르짖으세요. 딸이 예수님 영접하고 예수님 열심히 믿으면 되는 병입니다. 믿고 기도하세요. 그러면 됩니다."

귀신들은 본질적으로 기회만 있으면 하나님에게 대적하고자 한다. 그러므로 우리는 늘 깨어서 반드시 기도로 무장해야 승리할 수 있다.

안식일을 지키면 성적도 오릅니다

구리시의 한 작은 교회에서 집회를 했다.

장로님 한 분이 집회 기간 내내 숙소에서 교회까지 차로 섬기는 수고를 해 주셨다. 오가는 동안 자연스레 장로님의 신앙고백을 듣게 되었다. 그분은 오리지널 경상도 사나이로 44세 젊은 나이에 장로님이 되신 분이셨다. 1남 3녀의 아버지로 고등학교 선생님인데 교회에서는 중고등부 선생님으로 봉사하고 계셨다. 막내아들의 이름이 빌립이었다. 집회 기간 내내 이제 일곱 살이 되는 장로님 아들 빌립에게 '빌립 집사님' 이라고 부르면서 꼭 성경에 기록된 빌립 집사처럼 리더가 되고 지도자가 되라고 축복해 줬다. 장로님께는 새벽에 빌립을 꼭 데리고 다니면서 믿음을 유산으로 물려 주시라고 권면해 드렸다.

김 장로님은 자녀들을 그야말로 성경적으로 가르치고 계셨다. 주일에는 절대 세상 공부를 못하게 하고 주일 성수로 교육을 하셨다. 그럼에도 큰아이는 외고 1학년인데 전교에서 1등을 하는 우등생이었다. 장로님은 실제로 6일은 열심히 공부하고 주일에는 쉬는 것이 오히려 능률적이라 성적이 오른다고 하셨다. 책상 앞에 앉아만 있다고 공부가 잘되는 것이 아니다. 하나님께서 안식을 주셨으니 6일 동안 열심히 공부하고 주일에 쉬는 것이 하나님의 방법이라는 것이다.

우리 인간 역시 하나님이 만드셨기에 하나님의 법을 존중할 때 능히 세상을 이기는 것이다. 실제 장로님께서 믿지 않는 학생들을 상대로 주일에 공부하는 것과 일부러 쉬게 한 것을 비교 연구한 결과, 계속 공부하는 아이보다 오히려 주일에 쉬고 6일 동안 공부하는 학생이 훨씬 성적이 오르더라고 말씀하셨다. 그래서 이 교회 아이들은 장로님의 지도 아래 주일 성수하여 특별한 복을 받고 있었다. 마찬가지로 이 나라 이 민족이 주일을 하나님의 날로 지키고 거룩히 구별한다면 당연히 우리나라를 세계적으로 뛰어난 민족으로 축복하시리라 확신한다.

새벽 집회, 예물이 올라왔다. 돼지저금통이 몇 개 있었다. 무명의 돼지저금통을 들면서 누구의 것이냐고 물었다. 어느 권사님께서 부끄럽게 손을 드셨다. 그 예물을 들고 권사님을 위해 기도하는데 하나님을 사랑하는 마음이 사무쳐 눈물이 쏟아졌다.

마지막 날 새벽, 예물 중 반지 두 개를 넣은 봉투가 올라왔다. 아마 어느 가정에서 전 재산을 드린 것이 분명했다. 나중에 이름을 보니 그 권사님 이름이 적혀 있었다. 하나님께서 많은 영혼을 옳은 데로 돌아오게 하는 데 쓰는 물질이라는 소리를 들으시고 그동안 모은 돼지저금통과 반지까지 전 재산을 드린 것이었다. 믿음으로 드린 권사님을 위해 기쁘게 받으시고 무엇을 심던지 그대로 거두리라는 말씀대로 축복이 임할 것을 하나님께 기도 드렸다.

집회 후 사거리로 실습을 나갔다. 사람들의 왕래가 빈번한 곳이었다. 10명이 한 조로 구호를 외쳤다. 성도들이 "예수 믿으면 천국 갑니다. 예수 믿으면 구원 받습니다. 예수 믿으면 행복합니다." 외칠 때 그 지역의 악령이 떠나가는 것이다. 또 구원의 시기가 당겨지고 교회는 부흥한다.

집회 참석자 중에 조 장로님이라는 분이 계셨다. 이분은 오래 근무하던 직장이 이전하여 천안으로 이사를 가야 할 형편에 놓여 있었다. 하지만 예루살렘(교회)을 사랑하는 자 형통한 복을 주신다는 성경 말씀을 보고 직장에 사표를 내고 믿음으로 기도 드리던 중 집회에 참석하게 되셨다. 그 후 하나님께서 더 좋은 직장을 허락해 주셨다. 이 일로 성도들에게 큰 은혜를 끼쳤음은 물론이다. 결국 개인도 교회도 죽으면 죽으리라는 믿음으로 하나님을 섬길 때 크게 부흥하게 되는 것이다. 할렐루야!

귀신이 하나님을 증거합니다

대전의 교회 집회를 놓고 기도 드리던 중이었다.

지역 극동방송에 생방송으로 출연하여 간증을 하게 되었는데 방송 중 전화 사연이 왔다.

충북 옥천군에 산다는 한 자매였는데 머릿속에 까치가 들어와 잠을 잘 수가 없다고 했다. 27세 때부터 날마다 까치가 머리부터 발끝까지 오르락내리락 하는데 어쩌면 좋을지 모르겠으니 고쳐 달라고 했다. 내 귀에는 까치가 아니라 '제발 머릿속에 귀신 좀 뽑아 주세요. 귀신 좀 뽑아 주세요!'라는 음성으로 들렸다. 주님께서 불쌍하고 안타까운 마음을 주셨다. 그래서 다음 집회할 때 대전의 교회로 오시면 하나님께서 고쳐 주실 거라고 말했다. 그제서야 막무가내로 고쳐 달라던 자매는 전화를 끊었다.

그날 저녁 10시가 넘어서 자려는데 다시 전화벨이 울렸다. 그 자매였다. 늦은 시간에 무슨 일이냐고 하였더니 머릿속에 있는 까치를 잡아 달라고 했다. 예수 이름으로 야단치고 집회 날 오라고 하자 조용히 전화를 끊었다.

드디어 집회 당일, 방송을 듣고 전국에서 찾아온 성도들로 교회는 꽉 찼다. 담임 목사님과 그 교회 성도들이 오히려 서 있어야 할 정도였다. 성도들은 쭉 둘러보는데 그중에 한 자매가 눈에 띄었다. 맨 앞 자리에 마치 꼭 영화에 나오는 삐삐처럼 머리를 양쪽으로 땋아서 묶고 꽃순이처럼 앉아 있는 것이 보였다. 단번에 옥천에서 온 까치 자매임을 알 수 있었다. 그 까치 자매가 예배 중간 "아멘, 아멘"을 외치는데 왠지 거슬렸다. 감동이 돼서 외치는 게 아니라 자매 안에 있는 귀신이 나를 대적하여 큰 소리로 외친다는 걸 알 수 있었다. 그래서 맨 먼저 앞에 앉은 까치 귀신에게 기도했다.

"예수 이름으로 명하노니 그 안에서 썩 나와라! 더러운 귀신아! 썩 나와 물러갈지어다! 썩 나오라니까!"

그 순간 서로 눈이 마주치자 귀신이 그 자매를 거꾸러뜨리고 나갔다.

그 교회에도 귀신 들린 자가 몇 명 있었다. 한 자매는 자살에 실패하고 남편이 마지막으로 교회라도 가보라고 해서 왔다고 했다. 담임 목사님이 말씀이 그 자매를 고쳐 주시면 남편도 바로 교회 나오기로 약속했다고 하셨다. 자살을 시도했다는 자매의 손을 잡고 강대상으로 오르려는 순간 자매가 무서워 벌벌 떨면서 말했다.

"저요 강대상이 무서워서 못 올라가요."

그러더니 손을 발이 되도록 싹싹 비는 것이 아닌가. 그렇다. 강대상에는 하나님의 신이 가득 임재하신다. 그 귀신은 성령이 임하시는 것이 보이기 때문에 벌벌 떠는 것이다. 하나님이 계신 것을 오히려 귀신이 입증하는 것이다. 그 자매는 안경을 쓰고 있었는데 귀신이 넘어뜨리면서 안경이 튕겨져 나갔다. 그가 두 번을 기절하며 귀신이 나갔는데 귀신이 나가면서 시력도 회복되어 오히려 안경을 끼지 않아도 잘 보이게 되었다.

그 자매하고 씨름하는 동안 까치 귀신이 어느새 부스스 일어나는 게 보였다. 고개를 돌려 쳐다보자 까치 귀신 들린 자매는 다시 기절했다. 그 속에 많은 귀신이 들어 있었던 듯했다. 다시 쳐다보면 넘어지고 넘어지고 그렇게 대여섯 번 넘어가더니 나중엔 귀신이 완전히 떠나갔다. 그 후 자매의 "아멘" 소리가 달라졌다. 기억력이 되돌아온 그 자매는 귀신이 27세가 아니고 21세 때 들어갔다고 했다. 그가 눈물 흘리며 이제 다 나았다고 춤을 추고 박수를 치자 성전에 꽉 찼던 성도들이 하나님께 영광을 돌렸다.

또 초등학교 3학년쯤 되는 자폐증 아이 엄마가 있었는데 하나님께서 그 자폐증 아이도 회복시키셔서 아이 어머니가 식사 대접을 하면서 기뻐했다.

그 밖에도 영적으로 눌림을 받은 많은 이들이 하나님이 행하실 일들을 기대하며 기다리고 있었다. 전도 집회가 언뜻 신유집회처럼 느껴질 만큼 병자들이 많이 모인 집회였다. 하지만 우리 예수님께서도 전도하시면서 불쌍하고 병들고 소외된 자들을 회개케 하여 고쳐 주셨고 자유케 하셨다. 다시 간절한 마음으로 기도했다. 예수님의 마음으로 불쌍히 여기사 죄 사함을 입고 육체적으로 병든 몸도 고쳐 주실 것을 기도했다.

하나님을 사랑하고 살아계심을 믿고 회개하면 지금 이 시간에도 기적은 일어나는 것이다. 할렐루야!

더블 전도를 아십니까?

안양시 비산동에 있는 교회에 집회를 갔다. 목사님께서 방송을 듣고 집회를 신청하셨던 곳이다.

며칠 후 같은 날 방송을 들은 청취자 중 화가 성하림 선생님이라는 분이 전화를 주셨다. 원래 성당에 열심히 다니던 분인데 우연히 방송을 듣고 큰 은혜를 받았다고 하셨다. 나는 안양의 집회에 오시라고 초청을 했다.

집회 당일, 그 화가 선생님이 남편과 맨 앞자리에 와 계신 모습이 보였다. 감격적이었다. 연일 앞자리에서 통곡하는 모습에 오히려 보는 사람이 가슴이 찡할 정도였다. 그날 두 분 다 처음 교회에 나와 성령의 역사로 회심하고 두 분 다 예수를 영접하셨다. 그리고 개신교로 개종하여 지금까지 신앙생활을 잘하고 계시다. 이제 그림을 그려도 하나님께서 창조하신 만물을 그리고 또 주님의 영광을 위해 그리고 싶다고 간증하셨다. 하나님께서 만세 전부터 택하신 영혼이라는 증거다. 우리는 추수만 하면 되는 것이다. 할렐루야!

어느 안수집사님의 막내딸이 집회에 왔다. 불과 다섯 살도 안 돼 보이는 자그만 이 딸이 어찌된 일인지 가정예배만 드리려고 하면 울어서 도저히 예배를 못 드린다고 했다. 또 교회에 와서도 예배만 시작하면 울면서 자꾸 밖으로 나가자고 해서 예배를 드릴 수 없다고 했다. 그 아이의 눈을 보고 "나사렛 예수 이름으로 명하노니, 더러운 귀신아 그 아이에게서 썩 나올지어다" 하고 꾸짖었다. 잠시 후 아이가 정상으로 돌아와 살아계신 하나님께 영광을 돌렸고 지금은 예배 잘 드리고 있다.

또 한 중학교 3학년 학생은 인터넷 게임 중독에 빠져서 잠을 자지 않고 게임만 하는데다 몸은 상당히 비만이었다. 부모 말도 전혀 듣지 않는다고 했다. 그 아이를 가만히 쳐다보았더니 이미 악한 영이 많이 들어 있었다. 내가 쳐다보아도 인사도 하지 않고 눈을 피하는 것이 아주 심각한 상태였다. 그렇다. 악한 영은 피도 눈물도 없이 아이들에게 들어가 부모를 대적하게 만든다. 또 심하면 자기 부모를 찔러 죽이게 만든다. 이것이 바로 악한 영에 사로잡힌 것이다. 말세에 깨어 기도 드리지 아니하면 우리의 육신은 악한 영이 사용한다. 늘 깨어서 기도 드려야 하는 이유가 여기에 있다.

하나님은 오늘도
노아를 찾으십니다

충남 청양군의 한 교회로 집회를 갔다.

7년 전 당시 57세였던 전도사님이 신학교 1학년 때 개척하신 특별한 교회였다. 목사님은 영혼을 사랑하는 마음이 대단한 분이셨다. 이번 집회를 위해 전도사님 내외 분과 아들 내외가 함께 3일 금식을 하셨다고 했다.

교회는 20여 가정에 30여 명의 성도들이 출석하고 있었다. 주변을 둘러보니 칠갑산 자락에 동네 우상이 대대로 내려오는 곳이라 영적으로 아주 최전방 같은 느낌이 들었다. 전도사님은 적지 않은 나이에도 불구하고 영적 특공대로 마귀를 때려잡는 십자가 군병의 장수같았다. 늠름함마저 느껴졌다.

시골 교회인데도 주일학교 학생이 있었다. 교인 대부분은 목사님께서 직접 전도하신 분들이라 목사님을 참으로 신뢰하고 계셨다. 목사님을 중심으로 든든한 믿음을 바탕으로 생활하는 모습을 보니 황

무지를 개척하는 개척자같이 우리 하나님께서 칭찬하시리라 생각이 들었다.

집회 첫날, 참석한 회중들을 보니 대대로 우상을 섬겨서 거의 영들이 눌려 있었다. 한 할머니 성도님은 중풍으로 손이 꼬부라져 있었는데 예배 참석 중 하나님께서 깨끗하게 치료해 주셨다. 교회 나온 지 얼마 안 되는 여자 성도님은 악한 영이 나가면서 잠시 기절했다 완치되었다. 어린아이들도 참석했다. 초등학교 5학년 남자아이와 동생인 3학년 아이가 참석했다가 둘 다 방언의 은사를 받아 눈물을 흘리며 기도 드렸다. 정말 감동적인 불 같은 성령의 역사였다. 집회 기간 동안 많은 성도님의 기도가 뜨겁게 회복됐다.

삶의 우선순위가 나에서 주님으로 바뀔 때 모든 역사는 일어난다. 입으로는 "주여! 주여!" 하면서도 실제는 주님을 종 취급하며 오히려 나를 기쁘게 하고 내가 결정한 일을 이루기 위해 기도했던 과거를 회개했다. 그리고 주를 위해, 주님 영광을 위해 살기로 작정하고 헌신했다.

육체의 질병은 물론 모든 고통이 결국 예수 이름의 권세로 그 안에 숨어 있던 악한 영이 나갈 때 나음을 입고 해결된다. 악한 영은 내 안의 욕심과 교만이 끌어당기는 것이다. 이 배설물 같은 욕심과 교만을 없앨 때 비로소 빛 되신 주님이 우리 안에 거하실 수 있다. 그분은 죄성과 함께하실 수 없기 때문이다.

이미 예수님께서 2천 년 전에 우리 죄를 짊어지셨지만 우리 인간들 속엔 어쩔 수 없이 더러운 교만과 욕심이 들어 있다. 우상 숭배 등은 집안 내력과 자기의 욕심에 끌려 생겨난 것들이다. 이 배설물 같은 욕심과 교만을 끊어 내는 일은 쉽지 않다. 방법은 오직 하나! 회개뿐이다. 그것만이 유일하게 내가 살고, 교회가 살고, 민족이 살고, 나라가 살고, 세계가 사는 일이다.

하나님이 찾으시는 한 사람은 바로 노아 같은 인물이다. 자기의 유익을 구하지 않으며 오로지 하나님 명령에 순종할 수 있는 사람! 단 한 사람이라 할지라도 하나님은 세상을 구하실 수 있다. 오늘도 눈물로 그 단 한 명의 충성된 종이 되기 위해 그리고 그 종들을 세우기 위해, 순교하는 마음으로 우리는 충성을 다해야 하리라. 할렐루야!

우리 목사님께 기도하시라고 말씀해 주십시오!

인천의 아주 작은 교회에서 집회할 때였다.

집회 첫 시간, 예배 중 회중을 둘러보는데 한 건장한 청년이 눈에 띄었다. 그런데 그 청년의 속에서 귀신이 역사하고 있었다.

예배가 끝나고 다과를 나누던 중 목사님께 말씀드렸다.

"목사님, 집회 중에 보니 귀신 들린 자가 하나 있던데요."

목사님께서 소스라치게 놀라시며 말씀하셨다.

"아니, 강사님 어떻게 아셨어요?…… 부끄럽네요. 사실은 그 아이가…… 그 아이가 바로 제 큰자식입니다. 큰자식이 저렇게 된 지 10년이 됐습니다. 작은자식과 큰자식이 모두 전도사인데…… 창피한 이야기지만 귀신 들린 후 기도 받으러 한국에 있는 유명한 목사님이란 목사님은 거의 다 찾아간 것 같습니다. 그런데 아무 효과가 없었습니다. 부모된 안타까운 마음에…… 나중엔 소위 이단이라는 유명한 목사님한테도 찾아가 봤지만 아무 소용이 없었습니다. 이제는 정

175

말 포기한 상태지요."

목사님은 하던 말씀을 계속 이어가셨다.

"사실, 오늘 부흥회 특송 지휘를 하기로 되어 있었습니다. 그런데 무슨 일인지 강사님을 쳐다보고는 맨 뒷자리에 숨더라구요."

그 순간 귀신 들린 큰아들 전도사가 안으로 들어오다 우리와 눈이 마주쳤다. 그런데 다음 순간, 마치 못 볼 것을 본 것처럼 정신없이 줄행랑을 쳐 달아나는 게 아닌가? 그리고 그 길로 사택으로 도망해 가서는 무려 3일 동안 꼼짝도 하지 않았다. 숨어서 문을 걸어 잠그고는 밥도 먹지 않고 나오질 않았다. 목사님, 사모님, 동생 전도사가 별 소리 다 해도 소용없었다. 끝내 만날 수 없었다.

집회를 마치고 나오는데 사모님께서 머뭇머뭇거리셨다. 하실 말씀이 있으신 듯했다.

"네, 사모님! 무슨 일 있으세요?"

"창피한 이야기지만 우리 목사님께 무릎 꿇고 기도하시라고 말씀 좀 해 주세요. 다 말씀 드릴께요. 남편인 목사님께서 기도를 하지 않으세요. 그래서 점차 악한 영이 강해지고 성도들은 각기 제 갈 길로 갑니다. 열심히 전도해 와도 얼마 지나면 그만 다른 교회로 가 버립니다. 아내로서 옆에서 보기에 참으로 안타까운 일이지요."

사모님은 차분하게 말씀을 다시 이어 나갔다.

"인정하기 창피한 일이지만 큰아들은 목사님의 기도제목이지요. 귀신을 쫓는 특별한 사람이 있는 것은 아니죠? 주의 종이 무릎을 꿇지 않으니 마귀가 얼마나 기쁘겠습니까?'

그렇다. 아들에게 들어 있는 귀신도 내쫓지 못하는 목회자에게 하나님께서 택한 영혼을 얼마나 보내주시겠는가? 교회 부흥은 하나님께서 담임 목사님을 보시고 영혼을 보내시는 것이다. 참으로 안타까운 일이 아닐 수 없다. 남편 목사님이 축사도 못하시고 기도도 안 하시니 사모님으로서, 엄마로서 얼마나 안타까우시겠는가? 그 마음이 가슴 깊숙이 와 닿았다. 오죽하면 강사에게 자기 남편 목사님이 제발 무릎 꿇고 기도하게 해 달라고 부탁하겠는가?

하나님의 역사는 분명하다. 아버지 목사님께서 기도하여 성령 받으면 아들 전도사의 귀신은 내쫓긴다. 그리고 여기에는 이 일을 통해 교회 부흥을 이루시려는 하나님의 놀라운 계획이 숨겨져 있는 것이다. 그런데 기도하지 않으시니 하나님의 뜻을 전혀 알지 못하고 주변 능력 있는 분들에게만 아들을 맡기려 하니 형통하지 못하고 지금처럼 만년 개척 교회인 것이다.

주여! 아버지 목사님이 충성된 종으로 변화받아 아들을 회복시키고 많은 영혼을 구원할 수 있게 하옵소서!

저 같은 사람도 고쳐 주실까요?

충북 오창 과학단지 내의 순복음교회로 집회를 갔을 때 일이다. 담임 목사님 내외분은 너무나 겸손하셨다. 순수하게 말씀대로 가르치며 말세의 성령사역을 하고 계셨다. 한때 교회가 폭발적으로 부흥하자 주변에서 이단으로 몰아서 어려웠던 시절도 겪으셨다고 한다.

집회 기간, 특별한 분이 참석하고 계셨다. 바로 박 집사님이라는 분이었는데, 예수 믿은 지 836일 된 분이셨다. 목사님을 통해 하나님의 말씀을 받을 때마다 필사를 하고 계셨다. 또 집에 돌아가서도 손자 손녀가 보는 앞에서 열심히 적으면서 복습하셨다. 그 모습을 손자 손녀에게 물려주는 것이 큰 복이고 보람이라고 하셨다. 늘 교회 주변을 쓸고 닦으며 보이지 않는 곳에서 헌신하시는 모습은 많은 교인들에게 본이 되고 계셨다.

박 집사님과 함께 매일 빠지지 않고 참석하는 중학교 1학년 학생이 있었다. 이 학생은 바로 박 집사님의 손자였다. 이 아이는 할아버지 할머니와 같이 살고 있었는데 학교에서 왕따가 되어 있었다. 그러니 학교도 가는 둥 마는 둥 했고 여러 차례 불량 학생들에게 집단 구타를 당했다고 했다. 아마도 아이가 맞을 때 귀신이 들어간 듯했다. 상태가 매우 나빴다. 전 성도들과 함께 아이를 위해 전심으로 기도했다. 마침내 기도의 힘으로 귀신이 빠져 나왔다. 아이는 앞으로 새벽기도를 꼭 드리겠다고 약속했다. 아이의 얼굴빛은 환하게 바뀌어져 있었다. 할렐루야!

집회 전, 성도님들의 심령을 변화시키는 데 가장 중요한 시간이 바로 준비 찬양이다. 나는 조금 일찍 도착해서 강대상에서 준비 기도를 드리고 있는데 남매 찬양 사역자가 찬양을 진행하는 게 보였다. 그런데 찬양은 곡조 있는 기도라는 말 그대로 아름답게 노래를 부르는 것이었다. 남매의 이름은 장유정 장태영, 특히 장유정 집사님은 유정이라는 이름으로 활동하는 유명한 MC 겸 가수라고 하셨다. 기도제목을 올리셨는데 아름다운 목소리를 선물로 주신 주님의 전도왕이 되고 싶다며, 큰오빠 장태완 씨를 이번 집회 중에 구원하여 달라는 내용이었다. 예물에 손을 얹고 간절히 축복 기도를 드렸다.

그리고 다음 집회 시간, 기도제목으로 올린 큰오빠가 집회에 참석하셔서 예수님을 영접하셨다. 할렐루야! 큰오빠라는 분은 등록을 마친 뒤, 성도가 되신 감격으로 통성대곡을 하셨다. 그 감격의 장면은 보는 이들로 하여금 눈시울을 적시게 하기에 충분했다. 할렐루야!

이 집사님이라는 분은 83세로 우울증을 앓고 계셨다. 38년 동안 과부로 사신 이분은 46세에 혼자되신 이후 수면제와 우울증 약을 복용하셨다고 한다. 아마 혼자되실 때 악한 영이 들어간 듯했다. 우울증 역시 악한 영의 역사다. 악한 영이 들어가 밤잠을 못 자게 하고 괴롭히니 무슨 기쁨이 있겠는가? 그뿐이 아니다. 우울의 영은 문득문득 죽고 싶게 만든다. 온 성도가 그분을 위해 함께 기도했다. 얼마나 기도했을까? 악한 영 곧 귀신이 소리를 지르기 시작했다. 잠시 후 예수 이름으로 귀신이 쫓겨 나갈 때 전 교인이 하나님 앞에 영광 올렸다. 할렐루야!

박 집사님이라는 분이 계셨다. 다른 교회 교인이었는데 아주 빼어나게 아름다운 분이셨다. 그런데 병명이 나오지 않는 병으로 고생하다가 이제는 오직 하나님만 의지하며 그 은혜를 간절히 사모하고 계신 중이었다. 하나님은 집회 기간 중 그 마음을 받으셨다. 오직 하나님의 은혜를 사모하며 드린 회개 기도로 병명도 없이 평생 병원에 다녀야 한다고 했던 그 병은 말끔히 나왔다. 하나님의 은혜로 깨끗이 치료해 주신 것이다. 할렐루야!

19세 된 청년이 있었다. 할머니와 함께 사는 이 청년의 아버지는 일본에서 가수 생활을 한다고 했다. 그런데 이 청년은 크론병이라는 희귀병에 걸려 점점 말라 가고 있었다. 멸치처럼 뼈만 남아 있는 모습이 불쌍해 보였다. 집회 중 이 청년에게 다가가 간절한 마음으로 기도했다. 그리고 얼마 후 청년은 깨끗이 치료되어 하나님께 영광을 돌렸다.

당뇨합병증에 우울증으로 심히 고통 받는 정 집사님이라는 분이 계셨다. 많은 집회를 인도했지만 이렇게 큰 소리로 고함 지르는 귀신은 처음 보았다. 불면증까지 겪고 있는 이분이 나를 보자마자 말했다.
"어디서 센 게 왔네! 주의 사자가 오셨네!"
귀신이 하는 말이었다.
"그래! 나갈게! 나갈게!…… 더러워서 나간다!"
그러더니 구토를 하기 시작했다. 예수님께서 말씀하신 것처럼 말 그대로 더러운 귀신이다. 구토뿐만 아니라 아예 오물을 쏟아놓기 시작했다. 그리고 악한 영이 소리 지르고 나가면서 모든 건강이 회복되었다. 할렐루야!
다음 날 새벽 예배 시간, 정 집사님은 마치 달덩이처럼 밝은 얼굴로 참석했다. 오랜만에 잠을 푹 잤다고 하시면서 하나님께 모든 영광과 감사를 드렸다.

은퇴하신 전도사님의 사모님이 계셨다. 그런데 그분은 팔 한쪽이 아예 펴지지 않고 꼬부라져 있었다. 누군가 부축해 주지 않으면 혼자 걸음도 걸을 수 없었다. 전도사님 사모님은 눈물을 글썽이며 물었다.

"저 같은 사람도 하나님께서 고쳐 주실까요?"

"그럼요! 하나님은 전지전능하신 분입니다. 세상 병원에서는 고칠 수 없는 것도 하나님께는 아무것도 아니죠. 함께 기도로 사정을 구해 보죠!"

듣고 보니 은퇴 전도사님 할아버지와 그 아들도 악한 영에 사로잡혀 고생하고 있었다. 기도 시간에 그 속에 있는 악한 영을 향해 예수 이름으로 꾸짖기 시작했다. 시간이 흐르자 그 사모님을 괴롭히던 악한 영이 나가기 시작했다. 그리고 마침내 걷지도 못하던 그 사모님이 걷기 시작했다. 그뿐인가? 이윽고 뛰기 시작했다.

잠시 후 두 손으로 박수를 치며 '예수 십자가에 흘린 피로써' 찬양을 부르기 시작했다. 마침내 춤을 추며 성전 안을 뛰어다니기 시작했다. 살아계신 하나님! 할렐루야!

기적은 기도하는 사람의 믿음과 회개로 일어납니다

김해시에 있는 아주 작은 교회에 집회를 갔다. 가기 전에는 시골 교회인 줄 알았는데 가보니 신도시 교회였다.

집회 첫 날, 성도들에게 3박 4일 동안 집회에 한 번도 빠지지 말고 참석할 것과 특별히 새벽 예배에는 자녀를 깨워서 함께 오라고 당부했다. 아이들에게 새벽기도를 가르치기 위함이었다. 그러면 우리 하나님께서 반드시 기도제목 한 가지는 응답해 주신다고 선포했다.

생각해 보라! 이치적으로도 새벽 미명에 세상의 식물을 취하기도 전에 일찍부터 하나님을 영화롭게 하면 주께서 얼마나 기뻐하시겠는가? 우리 하나님께서 얼마나 크게 사용하시겠는가?

그리고 안수집사님과 권사님들께, 그중에서도 콩나물 공장을 하신다는 안수집사님께 빠지지 않고 집회에 참석하시면 큰 축복이 임할 거라고 말씀드렸다. 그런데 집사님이 곤란하다는 표정을 지으셨다. 그래서 다시 말씀 드렸다.

"우리 하나님께서 집사님의 믿음을 보시고 축복하실 겁니다. 순종하시면 좋은 일이 있을 겁니다."

그랬더니 "아멘" 하시고 그날부터 하루 세 번의 집회를 빠지지 않고 참석하셨다. 그리고는 집회 기간 중에 그 집사님이 뛰어오셨다.

"목사님, 순종했더니 벌써 기적이 일어났습니다. 작년에 떨어진 대형 입찰이 있었거든요. 사실 집회 중에 입찰이 있어 가려 했는데, 강사님이 그때 빠지지 말고 참석하면 큰 축복이 있을 거라 하셔서 많이 망설이다가 믿음으로 직원을 보내고 집회에 참석했었어요. 그런데 조금 전 직원한테 전화를 받았습니다. 입찰이 성사됐다구요. 감사합니다."

순종의 축복으로 기적이 일어났다. 집회 기간 중 입찰이 성사된 것이다. 하나님의 영광을 드러내기 위함이었다. 저녁 시간, 전 교인 앞에서 그 집사님은 1년 동안 고정적으로 콩나물을 납품하게 되었다고 간증하셨다. 그렇다. 우리 하나님께서 중심을 보시고 그 수고와 헌신에 입찰되게 하셨던 것이다. 할렐루야!

어느 안수집사님이 자녀를 학교에 결석시키고 집회에 데려오셨다. 중학교에 다니는 딸과 고등학교 다니는 아들이었다. 하루가 아니고 무려 3박 4일 간 한 번도 빠지지 않고 집회에 참석시키셨다. 평소 내성적이고 잘 웃지도 않던 딸이 큰 은혜를 받아 눈물로 회개하고 기쁨으로 찬양하면서 기도가 회복되었다. 마지막 날에는 방언까지 받아 놀라운 성령의 역사를 체험하기도 했다. 할렐루야!

아이들이 판단력이 약할 때는 부모님의 믿음의 결단이 필요하다. 단순히 실력을 쌓는 것과 스펙이 인생을 책임져 주지 않는다. 오히려 때로는 믿음의 결단이 아이를 평생 이끄는 유산이 될지도 모른다.

민 집사님이라는 분이 있었다. 교회에 등록만 하고 1년여 이상 신앙생활을 쉬고 있던 민 집사님은 첫 시간 참석해 큰 은혜를 받으셨다. 사모님도 같이 오셨는데 간이 굳어 가는 병, 간경화를 앓고 계셨다. 두 분이 한 시간도 빠짐없이 참석하여 은혜 받으시던 중 마침내 회개의 눈물이 흐르기 시작하셨다. 그리고 사모님의 병이 깨끗이 완치되는 역사가 일어났다.

감사의 뜻으로 부부가 귀한 점심 식사를 대접해 주셨다.

"너무 맛있게 잘 먹었습니다."

"저희가 죽어 천국에 갈 수 있도록 깨닫게 해 주신 은혜가 어찌 이만하겠습니까?"

두 분은 다시 눈물을 뚝뚝 흘리셨다. 할렐루야! 선택된 자들만이 아는 이 기쁨, 이 비밀을 누가 알 것인가?

30대 중반의 우 집사님이라는 분은 첫 결혼에 실패하고 학원을 경영하시는 분이었다. 세상에는 알려지지 않은 병도 많다. 이분은 눈이 튀어나오는 병을 앓고 계셨다. 눈이 앞으로 튀어나오는 이 병은 아주 보기 싫은 병이었다. 더구나 여성이니 그동안 얼마나 마음고생을 많이 했겠는가. 누구에게 하소연도 못하고 말이다. 아마 첫 결혼에 실패한 뒤 마음의 고통 중에 악한 영이 들어간 듯했다. 결혼 실패 뒤 괴로움과 분노 등 얼마나 많은 상처가 남았겠는가?

마귀가 역사하는 원인은 분명하다. 바로 미움, 증오, 두려움, 분노 때문이다. 하나님이 주시는 마음과 대적되는 악한 것들 때문이다. 유유상종이라는 말도 있지 않은가? 내 마음속에 이런 류의 더러운 상처들이 치유되지 않으면 악한 영이 자기 밥이라며 이런 감정의 찌꺼기에 신나게 들어와 자리 잡는다. 결국 내 안에 처리되지 않고 남아 있던 더러운 감정들이 비슷한 속성을 가진 악한 영을 불러들이는 것이다.

하나님께서 "항상 기뻐하라. 쉬지 말고 기도하라. 범사에 감사하라"고 하신 이유가 여기에 있다. 말 그대로 항상 기뻐하고, 쉬지 말고 기도하고, 범사에 감사해야만 오해나 기타 부정적인 감정들이 자리 잡지 못하고 씻겨 나간다. 그래야 악한 영들이 우리 속에 거할 집이 청소되는 것이다.

그날 우 집사님은 두 번의 기도를 통해 악한 영이 나오면서 구토를 했다. 그동안 자신도 모르게 잡고 있던 악한 감정을 하나님께 회개했다. 회개와 함께 마음의 상처를 깨끗이 고침 받았다. 집회가 끝날 즈음, 회복된 아름다운 모습으로 하나님께 감사와 영광을 드렸다. 병은? 물론 다 나았다. 할렐루야!

47세 된 알코올 중독자 한 분이 그 집회에 참석했다. 우연히 집회에 왔다가 내가 과거에 알코올 중독자였다는 간증을 듣고 호기심이 발동했던 것이다. 그분은 마치 동지를 만난 것 같다며 매 시간 빠짐없이 참석하셨다. 저녁 집회에서 많은 기적이 일어났다. 그런데 그 모습을 지켜보고 있던 그분이 앞으로 걸어 나왔다. 그날도 여전히 딸기코였다. 술을 한잔 거나하게 드시고 온 것이다.

"저도 기도 좀 해 주세요."

그 모습을 보니 불쌍히 여기시는 예수님의 마음이 느껴졌다. 50세가 다 되도록 결혼도 못하고 세상을 비관하며 사는 모습, 늘 술에 취해서 사는 모습은 꼭 예전의 내 모습과 같았다. 내 손을 자기 배에 갖다 대는데 간이 많이 상한 듯했다. 기도를 받고 술을 끊고 그 주일부터 교회에 나오기로 약속했다. 또 열심히 전도하면 중매도 선다고 하였더니 얼마나 좋아하던지!

우리는 모두 천하보다 귀한 영혼들이다. 우리의 값은 똑같다. 모두 천하보다 귀한 예수님의 핏값인 것이다. 할렐루야!

병 고침은 기도하는 사람의
능력이 아닙니다

 부산 사하구에 위치한 순복음교회로 집회를 인도하러 갔다.
 여자 목사님이 담임 목사님이고 장로님이신 남편이 외조하시는 특별한 교회였다. 참으로 존경스러웠다. 장로님은 평생 학교에서 수학 선생님으로 봉직하시면서 아내 목사님께서 목회를 잘 하실 수 있도록 동역하고 계셨다.
 집회 가기 몇 달 전 전화 한 통을 받았다. 방송을 듣고 큰 은혜가 되었다며 한 성도분이 주신 전화였다. 내용인즉 처남이 아주 똑똑했었는데 귀신이 들어 기도원에 데려다 놨다고 하셨다. 안타까워하던 중 방송을 듣고 나를 만나고 싶다고 하셨다. 나는 그분이 사신다는 부산의 집회 날짜를 가르쳐 드리고 참석을 권했다.
 집회 당일, 어떤 분이 앞으로 와 인사를 하시는데 바로 전화를 주신 그분이었다. 그런데 얼굴을 보니 처남보다도 우선 본인의 구원이 급한 듯했다. 그분께 한 시간도 빠지지 말고 3박 4일 동안 집회에 참석하라고 말씀드렸다. 그러자 그분은 곤란한 표정으로 "부두에서 지게차를 운전하는데 어떻게……" 하며 대답을 못하셨다.

그래서 다시 재차 설명 드리고 결정은 알아서 하시라고 말씀 드렸다.

그날 저녁 그분은 맨 앞자리에 처남과 함께 앉아 계셨다. 다음 날도 그 다음 날도 집회 기간 내내 한 시간도 빠지지 않았다. 집과 교회가 부산의 끝과 끝이라는데 매일 참석해 큰 은혜를 받고 계셨다. 특히 천국과 지옥을 이야기하는 시간에 철저히 깨어지면서 예수님을 영접하고 회개의 눈물을 흘렸다. 그리고 그 자리에서 바로 방언을 받으셨다. 할렐루야! 결단하면 된다.

예수님 오래 믿었다고 은사가 임하는 것이 아니다. 전심으로 영접하면 하나님의 자녀가 되는 권세와 능력을 주신다. 방언은 성령 받은 자가 성령으로 말하게 되는 원리다. 그분은 과거에 종말론으로 큰 파장을 불러일으켰던 다미선교회라는 이단에 빠졌었다가 최근에는 부인과 함께 성당에 다니던 중이라고 했다. 처남 때문에 집회에 참석했다가 하나님을 만나고 가슴을 찢고 회개하셨다. 집회를 마치고 함께 식사를 하는데 마냥 울고만 계셨다. 부인이 교회 가면 끝장이라고 했는데 순교하는 마음으로 교회에 나오셨다고 했다. 그분은 바로 그날 교회에 등록하고 성도가 되셨다. 그렇다. 그분은 만세 전부터 택하신 영혼이셨던 것이다.

세상은 이처럼 하나님께 속한 영혼과 지옥으로 끌어 가려는 영혼들의 전쟁터이다. 세미나가 끝난 뒤 그분에게 "몇 명이나 전도할 수 있는 믿음이 있으세요?" 하고 물었다. 전도는 믿음으로만 가능하기 때문이다. 믿음의 분량만큼 전도할 수 있다. 내가 확신이 있어야 다른 사람도 끌어 올 수 있지 않겠는가? 그랬더니 그분이 숨도 쉬지 않고 "1000명은 할 거 같아요." 하시는 게 아닌가. 할렐루야! 이 집회에 숨은 보석이 있었던 것이다.

중학교 선생님으로 수고하시는 아름다운 권사님이 계셨다. 그런데 그만 혀가 말려들어가는 병에 걸리셨다. 늘 혀를 통하여 제자들을 가르치셨는데 말이다. 그 권사님은 성령전도 부흥회에서 꼭 병을 고침 받겠다고 열심히 집회에 참석하셨다. 어찌나 믿음이 좋으신지 약도 먹지 않고 믿음으로 시간시간 참석하고 계셨다.

저녁 예배 때, 그분을 위해 기도 드리던 중 감동이 왔다. 잠시 후 그분이 침을 뱉기 시작하셨다. 불순물이 나오기 시작하더니 기절하셨다. 그리고 기절했다 깼다를 두어 번 반복하시더니 그날 병이 완치되셨다. 할렐루야!

병 고침은 기도하는 사람의 능력이 아니다.
기도하는 사람의 하나님에 대한 큰 믿음과
기도받는 사람의 믿음과 회개로 가능하다.

교회에 온 보살 집사 이야기

부산시 남구에 있는 침례교회로 집회를 갔다.

이 교회는 부부가 모두 목사님으로, 담임 목사님께서는 부산 해양대학 교수로 재직하고 계셨다. 사모님은 부목사님이셨다. 두 분은 교회에서 사례비도 받지 않고 오직 복음만 전하고 계셨다. 담임 목사님께서는 곧 교수직을 사임하시고 목회에만 전념한다고 하셨다.

집회 첫날, 할아버지 때부터 섬긴 우상으로 인하여 귀신이 유전된 자매가 있었다. 집회 중 그 귀신의 정체가 밝혀졌다. 예수 이름으로 축사하자 "못 나간다"고 소리 지르며 부르르 떨었다. 30세쯤의 귀신은 아름다운 자매의 육신을 붙잡고 있었다. 축사가 계속 되자 귀신은 결국 분해 하며 떠나갔다. 할렐루야! 예수 그리스도 그 이름의 권세가 얼마나 무섭고 떨리는지 오히려 귀신은 알고 있다. 영권은 영권을 알아보는 것이다.

교회 나온 지 5개월밖에 안 된 50대 중반의 남자 성도님이 계셨다. 그분은 집회 중 살아계신 예수님을 만나셨다. 감사와 회개의 눈물로 얼마나 성령을 사모하시는지 바로 방언을 체험하셨다. 집회 마지막 날, 얼마나 감사한지 전도로 영혼 구원하는 데 써달라며 무려 1억 원을 헌금하셨다. 그렇다. 성령의 역사는 사모하는 자가 주인이다. 성령님은 인격적이셔서 무례히 행치 않으신다. 물론 강권적으로 임하시는 경우도 있지만 그것은 특별한 경우다. 그리고 그 경우조차 무례한 것과는 다르다. 성령은 사모하는 자에게 선물로 주시는 것이다.

새벽기도에 쉬지 않고 나온다는 중학생이 있었다. 이전에도 교회에 들러 기도하고 학교에 갔다는 학생이었다. 이 학생은 집회 중 방언을 받았다. 더 깊이 하나님과 교제가 이루어졌다며 얼마나 기뻐하던지! 이제 학교 가기 전은 물론이고 방과후에도 꼭 교회에 들러 기도하고 집에 간다고 한다. 우리 하나님께서 얼마나 기뻐하실까?

하나님께서는 우리가 하나님을 존중히 여기는 만큼 우리를 존중히 여기신다. 하루를 여는 새벽 미명에 세상 소식에 먼저 귀 기울이기보다 세상 식물을 취하기 전 그 첫 시간을 주님께 드리는 자녀를 어찌 기뻐하시지 않겠는가? 행위는 곧 믿음의 증거다. 믿음은 말에 있지 않고 행함에 있다. 우리 예수님께서도 하루를 여는 새벽 미명에 하나님께 꼭 무릎을 꿇으셨다. 아버지를 만나 그분의 손을 잡으셨다. 마가복음 1장 말씀처럼 꼭 기도하고, 38절 39절처럼 가시고자 하시는 곳으로 전도하러 가셨다. 속지 마라! 인간은 영물이다. 우리는 육적인 존재가 다가 아니다. 분명 영적 존재다. 하루의 첫 시간을 하나님과 교제하면 하나님께서는 반드시 영적인 능력을 베푸신다.

평생 교회에 딱 두 번째 나온다는 절에 계시는 보살이 계셨다. 집회 중 회중을 둘러보는데 하필 딱 그분과 눈이 마주쳤다. 하나님께서 그 분을 보게 하신 것이다. 나는 보살에게 다가가 손을 잡고 말했다.

"살아계신 예수님을 믿으세요. 지금 보신 것처럼 우리 예수님은 살아계십니다. 모든 고통과 고난을 가져오는 마귀를 내어쫓으시고 병도 고쳐 주십니다. 중학교 1학년생도, 또 교회 나온 지 얼마 되지 않는 사람도 하나님과 직접 이야기할 수 있도록 방언도 주십니다. 우리 기독교의 권세는 말에 있지 않고 능력에 있습니다. 지금 영접하시고 예수님을 주로 믿으세요. 절에서 새벽 예불도 참석하셨을 테니 새벽기도야 쉬우실 텐데, 새벽기도로 예수님 사모하기에 최선을 다해 보세요. 나중된 자가 먼저 된다는 말도 있는데 열심히 믿어 보세요."

그러자 그분이 회개의 눈물을 흘리셨다. 통회하고 자복하는 동안 그분 안에 들어 있던 악한 영이 모두 나왔다. 그분은 그날 예수님을 영접하고 성도가 되셨다. 나중에 듣고 보니 아들이 아주 똑똑했고 유명한 대학을 졸업했는데 군대 제대 후 자살했다고 하였다. 시쳇말로 사주팔자가 센 분이셨다. 비록 이전엔 예수님을 몰라 우상을 섬기는 보살을 하고 있었을지언정 이제 알았으니 예수님만 믿으면 된다.

누구든 만세 전에 택하신 영혼은 기회가 왔을 때 하나님의 손만 잡으면 된다. 하나님은 전지전능하셔서 사탄에게서 능히 그 영혼을 구원하실 수 있다. 아멘! 하나님 아버지, 예수 그리스도 그 권세의 발 아래 굴복하지 않을 자가 감히 누구인가? 하물며 이 세상에 권세 잡은 자 정도가 하나님의 하시는 일을 막겠는가! 할렐루야.

마귀는 탐욕에 집을 짓습니다

수원시 집회를 앞두고 있을 즈음이었다. 한 월간 시사지와 인터뷰를 했다. 인터뷰 중 기자가 사촌 누나 이야기를 꺼냈다. 사촌 누나가 간암과 위암으로 시한부 인생을 살고 있는데 교회도 안 다니고 예수도 믿지 않는다고 했다. 기자의 안타까워하는 모습이 마음을 움직여 다음 집회 일정을 알려주고 사촌 누나와 함께 오시라고 권했다.

집회 당일, 기자와 함께 사촌 누님이라는 분이 오셨다. 충북 옥천에서 올라왔다는 누님은 올해 환갑이라는데 얼굴이 너무 초라하고 초췌했다. 마치 죽은 사람처럼 아무 희망이 없어 보였다. 하나님은 이 한 분을 위해서도 집회를 하실 수 있는 분이다. 만세 전부터 예비한 그 영을 구원하시기 위해서 말이다. 그 누님과 기자는 맨 앞자리에서 한 시간도 빠지지 않고 은혜를 받았다. 무슨 말이 더 필요하겠는가?

집회가 끝날 즈음 기자의 누님이 예수님을 영접하셨다. 눈물을 하염없이 흘렸고, 특별 기도를 드릴 때 두어 번 기절했다 깨어 나셨다. 그리고 하나님께서 오랫동안 앓아 왔던 간암과 위암을 깨끗이 고쳐 주셨다. 세상의 의사들은 포기한 병들이 그분 눈앞에서 악한 영들이 제거되면서 기적처럼 고쳐진 것이다. 이런 악한 영과 병을 가져오는 더러운 영들은 기도 외에는 절대 나가지 않는다! 할렐루야!

극동방송을 듣고 참석한 또 다른 교회 성도님들이 계셨다. 그중 한 분이 기도하는 중에 말씀하셨다.
"아이 무서워. 못 나가, 못 나가."
그분 속의 마귀가 하는 말이었다. 그리고 벌벌 떨었다. 마귀에게 얼마나 되었느냐고 물었다. 그분의 몸 속에 들어간 지 얼마나 되느냐는 질문이었다. 그랬더니 그 마귀가 말했다.
"20년."
마귀는 정체가 밝혀지기까지는 쉽게 나오지 않는다. 몇십 년 전에 들어갔어도 말이다. 오히려 자기 정체가 밝혀질까 봐 잠복하고 있다. 가능한 오래. 그러면서 육신 안에 온갖 질병과 우울증을 전파시키고 패망의 길로 이끈다.

물론 절대 마귀를 두려워할 필요는 없다. 마귀는 살아계신 하나님께는 대적도 못한다. 그래서 겨우 한다는 짓이 하나님께서 핏값으로 사신 자녀, 사랑하는 우리 인간 속에 들어가 괴롭히는 것이다. 중요한 것은 마귀가 역사하지 못하도록 틈을 주지 말아야 한다는 것이다. 마귀는 울부짖는 사자처럼 틈을 엿보고 있다. 불평은 마귀가 들어갈 수 있도록 빌미를 주는 것이다. 이것은 우리가 문을 열어 주는 것과 같다. 마귀 역시 자기 마음대로 들어가지 못한다. 그 키를 주는 것은 우리 마음속의 불평과 악과 분노와 탐심 등 악한 영이 좋아하는 먹잇감들이다. 악한 쓰레기가 마음에 자리 잡고 있을 때 마귀는 먹이를 찾아 인간에게 들어온다. 분별하라! 하나님이 주신 마음은 기쁨과 평안, 감사, 자비 등 환한 빛과 같은 마음인 반면, 마귀가 좋아하는 것은 악한 마음이다. 살아있는 마귀는 어둠의 영들을 찾아 들어온다.

우리는 이렇게 영적인 세계에 살고 있다. 마귀가 속에 집을 짓고 있는데 어떻게 편히 잠이 오는가? 정신 바짝 차리고 예수님을 믿어야 한다.

성령을 사모하면 성령께서 직접 가르치고 전도하고 치유하신다. 만약 성령을 배제한 채 성경을 지식으로만 가르친다면 하나님의 어떤 역사를 기대할 수 있을까? 지금도 말씀과 불 같은 그리스도의 영으로 말미암아 하나님의 나라는 가까이 오고 있다.

죽어 봐야 예수님 계신지
아는 거 아닌가요?

서울 신림동의 한 교회에서 집회를 가졌다.

성령전도 부흥회였는데 방송을 듣고 찾아온 성도님들이 유난히 많았다. 본 교회 교인보다도 오히려 외부 손님이 더 많은 것 같았다. 먼 데서 오신 분들을 위해 담임 목사님께서는 교육관을 숙소로 준비해 주셨다. 성령의 은혜를 사모하며 성전을 가득 채운 성도들의 열기가 참으로 대단했다.

그중에 정신병원에 있는 아들을 위해 참석하신 부부가 계셨다. 사업장을 내려놓은 채 마지막이라 생각하고 아들을 위해 집회에 참석하신 분들이었다. 사연인즉 아들이 군대에 있을 때 거꾸로 매달려 맞은 적이 있다고 했다. 고참들이 장난으로 한 일이었지만 그때 극한 공포심에 질린 상태에서 귀신이 들어간 것이다. 그 후 상태가 좋지 않아 지금까지 무려 20년을 정신병원에 있다고 하셨다.

그런데 남편분의 말이 기가 막혔다. 도대체 지금까지 이런 상황에서 왜 예수를 믿는지 모르겠다고 하시는 게 아닌가. 또 집회에 참석해서도 천국이 참으로 있는지 죽어 봐야 아는 거 아니냐고 하셨다. 한마디로 믿음이 없으셨다. 이런 믿음이 아들을 20년 간 고통 속에 헤매게 했던 것이다.

드디어 집회가 시작되었다. 3박 4일 동안 마지막이라 생각하고 집회에 한 번도 빠지지 않고 참석하는 동안 그 부모님은 예수님을 만나셨다. 천국과 지옥의 간증을 통해 눈물로 회개하고 무릎 꿇고 아들을 위해 기도 드렸다. 집회를 마칠 즈음 남편 집사님께서는 담임목사님과 강사를 대접하시는 믿음으로 바뀌셨다. 할렐루야! 부모님의 믿음에 따라 아들도 반드시 나았으리라.

환갑이 넘은 부부가 집회에 참석하고 계셨다. 한국에서는 몇 년 살지 않고 주로 해외에서 살다 온 부부였다. 60세 된 남편은 20여 년 간 월남에서 사업을 해 온 분이었다. 그 과정에서 베트콩(베트남 공산당) 강도들에게 고문당하고 두들겨 맞았다고 했다. 그때 월남귀신이 들어간 것이었다. 평소에 잘 지내다가도 매우 포악하고 다혈질적인 귀신이 본색을 드러냈다. 그 부인은 남편과 매 시간 같이 참석하며 은혜 받게 하려고 눈물로 기도를 드렸다. 강사 대접도 그분 몫이었다.

하지만 맨 앞에 앉은 그 남편은 달랐다. 그 속에 있는 월남귀신이 집회 중 프로그램 진행을 조롱하는 듯 방해했다. 그때마다 그분의 눈빛이 노랗게 빛났다. 바로 귀신 특유의 눈빛이었다. 집회 중 귀신의 강한 움직임이 느껴졌다. 강한 영권으로 뜨겁게 기도했다. 그리고 선포했다.

"나사렛 예수 이름으로 더러운 귀신아, 나와! 네 정체는 이미 밝혀졌다. 더러운 마귀! 월남 마귀야! 예수 이름으로 나올지어다!"

다음 순간 월남귀신이 빠져나왔다. 대신 그분을 거꾸러뜨리고 나왔다. 할렐루야!

세상 어떤 귀신도 예수 이름 앞에서는 무서워 벌벌 떤다. 그리고 나간다. 하나님께서는 예수 이름 외에는 어두운 영을 쫓는 다른 이름은 주신 적이 없다고 하셨다. 예수 이름 외에는 능력이 없다. 오직 예수를 믿는 길 외엔 다른 방법이나 능력은 없다. 오직 예수를 믿는 믿음만 가능하다. 이 믿음으로 천국에 갈 수 있다. 유일한 길이다.

교회를 섬기는 60대 중반의 여자 집사님이 계셨다. 집이 멀어 교회에서 한 시간 정도 되신다고 하셨다. 남편 집사님은 믿음이 좋아 늘 새벽기도를 다닌다고 하셨다. 집회 기간 내내 그 먼 데서 한 시간도 빠지지 않고 참석하셨다. 하지만 그 집사님은 믿음이 남편만 못하셨다. 30여 년 전부터 다니다 쉬다를 반복했다고 하셨다. 남편은 아주 열심히 다니는데 왜 그렇게 교회를 다녀야 하는지 마냥 짜증스럽고 귀찮았다고 하셨다. 그뿐 아니다. 평상시에 목사님께서 자기 집에 심방 오시면 남편에게 짜증을 내면서 "왜 귀찮게 목사님께서 심방을 오시느냐, 이제 안 오셨으면 좋겠다"고 투덜댔다고 하셨다. 천국도 가 봐야 있는 걸로 생각했고 구원의 확신도 없었다고 하셨다. 남편에게 끌려서 마지못해 따라 나오시던 그분은 부동산 일을 하고 계셨다. 교회 오기 싫어 일부러 주일에 약속을 잡아서 답사를 했고 십일조는 물론 하지 않고 계셨다.

드디어 마지막 날, 그 여자 집사님이 예수님을 만나는 기적이 일어났다. 무려 30년 만의 일이었다. 그분은 눈물로 회개하면서 예수님을 만난 사마리아 우물가 여인처럼 주체할 수 없이 우셨다. 담임 목사님께도 죄송하다고 용서를 구하시며 회개하셨다. 또 이제 십일조를 드리겠다고 하나님께 약속하셨다. 그 먼 거리에서 앞으로 40일 새벽기도를 드리겠다고 작정하면서 갑자기 일어나시더니 내게 큰절을 하시는 게 아닌가. 여태껏 집회를 다니면서 이런 적이 없었다.

나는 깜짝 놀라 그분을 일으켜 세워 드리며 말했다.

"감사와 영광은 오직 우리 예수님께서 받으셔야 됩니다. 우리 모두 예수님께서 구원하셨고 지금도 우리의 주인이 되시니 그분 앞에 하루도 빠지지 말고 새벽 예배로 영광 올려 드리세요!"

그 후 그 집사님은 양복을 선물해 주셨다. 중매를 잘하면 옷이 한 벌, 잘못하면 뺨이 석 대라고 했던가? 예수님과 그분을 중매해 주님의 아름다운 신부로 거듭나게 해 주신 하나님께서 주신 선물로 알고 집회 다닐 때 잘 입고 다니고 있다. 할렐루야!

삶의 진짜 스펙은
영적 실력입니다

충북 영동군으로 집회를 갔다.

대전극동방송을 듣고 대전 집회 때 교회 목사님 사모님께서 성도들과 참석하셨다가 은혜 받아 요청하신 집회였다. 전형적인 농촌 교회라고 들어 내려가면서도 이런저런 생각이 많았다. 반주자는 있을까?

도착하자마자 성전에 들어가 기도했다. 얼마 후 찬양 소리가 울리기 시작했다. 피아노와 신디 드럼 연주가 들리는데 도시 교회보다 더 뜨겁지 않은가? 할렐루야!

드디어 집회 첫날! 약 80여 명의 성도들이 모여들었다. 가만히 성도들을 보고 있자니 가슴이 뜨거워졌다. 이 마을 전체를 합쳐도 80명이 되지 않는데 모두들 어디서 오셨을까? 담임 목사님 내외분은 한마디로 전도에 미친 분들이셨다. 집회에 온 분들은 두 분이 이 마을 저 마을에 다니며 봉고차로 모시고 분들이었다.

농촌 교회라는 선입견에 묶이면 전도도 부흥도 안 된다. 하지만 하려고만 하면 된다. 하려는 순간 하나님께서 손을 잡아 주시기 때문이다.

집회 중 사모님은 그 전에 마음속에 자리 잡고 있던 쓴뿌리 악신이 나가면서 기절하셨다. 저녁에 간증하시는데 몸 전신에 찌릿찌릿 마치 감전된 듯 전류가 흐르는 것처럼 머리끝부터 발끝까지 성령이 임하셨다고 하시며 하나님께 영광을 돌렸다. 또 목사님 막내아들은 오랫동안 앓고 있던 피부병이 집회 기간 중에 나았다. 할렐루야!

이 교회는 농촌임에도 귀농한 젊은이들이 많아 주일학교가 있었다. 목사님 딸들 중 중학교 3학년짜리가 은혜를 받았다. 중학생뿐만 아니라 초등학교 5학년짜리와 3학년짜리도 집회에 참석했다가 방언의 은사를 받았다. 주님을 영접하고 훈련을 받아 실습하는 모습은 정말 가슴을 뭉클하게 했다.

아이들에게 세상의 지식이나 학문보다 하나님을 먼저 가르쳐야 한다. 그래야 하나님께로 가까이 가는 길을 막는 모든 환경에서도 하나님을 만나 제대로 세상을 살아갈 수 있게 된다. 이와 같은 영적인 교육은 학교에서는 절대 가르쳐 주지 않는다. 아니 가르쳐 줄 수가 없다. 보이는 교육이 다 가 아니다. 보이지 않지만 오히려 인생의 진짜 성적표가 되는 실력을 쌓아야 한다. 그건 하나님으로부터만 가능하다. 살아있는 삶, 진짜 삶 말이다. 죽어 닳아 없어지는 삶이 아니라 죽어서도 영원한 삶, 그것을 준비하는 실력을 쌓아야 하는데 이 땅의 교육은 오히려 길을 막고 있다. 인간은 모르고 하는 일이지만 사탄의 시나리오에 휘둘리고 있는 셈이다.

　참석자 중에 가장 인상적이었던 분은 이 집사님이셨다. 당시 77세셨는데 강대상에 감사헌금 봉투가 올라와 있었다. 기도제목을 보니 '방언의 은사'를 구하고 계셨다. 하늘의 언어를 얼마나 사모하셨으면 기도제목으로 올리셨을까? 기도 중에 감동이 왔다. "성령 받아라!" 하고 외치자 그분이 기다렸다는 듯 "아멘" 하고 화답했다. 다음 순간 봇물 터지듯 그 입에서 방언이 터져 나왔다. 할렐루야! 하나님은 살아계시다. 그분은 방언의 은사를 받고 눈물만 흘리셨다. 얼마나 기뻐하시던지 마음의 선물이라며 한가득 선물을 챙겨 주셨다. 집에 도착했을 때는 안부 전화까지 주셨다.

　지00 집사님이라는 분은 심장 수술을 몇 번이나 하신 분이었다. 이제 오직 하나님 한 분만 바라며 집회를 참석셨는데 깨끗이 고침을 받으셨다. 그리고 빛이 들어오면서 아름다운 환상 가운데 나타난 하나님의 손길을 간증하셨다. 할렐루야!
　또 집회 중에 이00 라는 분이 계셨다. 처음 나오셨는데 아내가 아름다운 캄보디아 미인이셨다. 잘생긴 처남도 함께 나왔다. 집회 중 이 가족 모두가 하나님의 자녀가 되었다. 할렐루야! 캄보디아인이 영접하였으니 돌아가면 선교사가 아닌가? 할렐루야!

　집회에 참석하신 분 가운데 대전에서 오신 여자 집사님이 계셨다.

친정어머니 권사님이 당뇨합병증으로 거동이 불편하여 수발을 들러 함께 오신 듯했다. 사연을 들어보니 결혼한 지 7년 동안 아이가 없다고 했다. 그리고 맨 앞자리에서 은혜를 사모하시며 하루도 빠짐없이 참석하시던 그분은 기도 중에 감동이 왔다. 그 후 놀랍게 태의 문이 열려 기도응답을 받고 축하 감사를 드렸다. 그뿐만 아니다. 친정어머님도 당뇨합병증을 깨끗이 고침을 받아 온 가족이 천국 잔치를 했다. 모든 영광을 하나님께! 할렐루야!

농촌 교회라고 다 어려운 것이 아니다. 전도하면 자립하여 선교할 수 있다. 하면 된다! 나와 나를 둘러싼 환경만 보지 말고 하나님을 보고 하면 된다! 전도는 하면 되는 것이다. 오히려 안 하면 어렵고 힘든 것이다.

담임 목사님께서는 교회가 얼마 정도만 더 부흥하면 버스를 사서 성도님들께 관광도 시켜 드리고 이 마을 저 마을로 성도님들을 모셔 드리시겠다고 하시며 행복해 하셨다. 믿고 구하는 자에게 반드시 기적은 일어난다. 왜냐하면 하나님 살아계시기 때문이다.

| 에필로그 |

콩나물 시루 천국 만들기

여러분, 귀신이 있다고 믿으십니까? 아니면 21세기에 말도 안 되는 소리를 하고 있다고 생각하십니까? 그러나 저는 우리가 살고 있는 지금도 분명히 있다고 생각합니다. 이유는 간단합니다. 우리 하나님이 살아계시기 때문에 마귀나 사탄도 또한 있다고 생각합니다.

제가 태어난 곳은 바다와 가까운 충청도 홍성이라는 곳입니다.

원래 저희 집은 부유했던 종가집으로 할아버지께서는 12대 독자셨고 저는 14대 독자로 태어났습니다. 할아버지께서 장손이 태어났으니 얼마나 기쁘고 좋으신지 오가는 사람들마다 저를 안고 자랑하시며 술을 사주고 하셨는데 나중에는 노름에 빠지셔서 흥청망청 하셨다고 합니다. 그로부터 점차 재산은 탕진되기 시작했고 제가 두 살 때 술 드시고 나무 그늘 밑에서 주무시다가 삼복 더위에 돌아가셨다고 합니다.

할머니는 우상을 지독히 섬기던 분이셨습니다. 매일 자정 무렵이면 성황당에 가서 목욕재계하시고 집 안에 만들어 놓은 신당에서 지극 정성으로 비셨다고 합니다.

그 무렵 저는 할머니 손에 자랐는데 태어날 때부터 몸이 아프기 시작했습니다. 아주 멀리 떨어진 곳에 돌팔이 의사가 한 분 계셨는데 그분이 제 주치의셨습니다. 저는 언제 죽을지 모르는 시한부 어린아이라 시도 때도 없이 실려 갔고 어떤 날은 그 의원 집에서 아예 기거하기도 했습니다.

제가 세 살 무렵, 어머니께서는 제 아래로 아주 잘생긴 사내 동생을 낳으셨습니다. 손이 귀한 집안에 경사가 난 것입니다. 그런데 3일 만에 큰 일이 생기고 말았습니다. 어찌된 일인지 태어난 지 3일 만에 동생이 젖을 빨지 못하더니 그로부터 3일 후 젖을 먹지 못해 그만 죽어 버리고 만 것입니다. 아버지는 죽은 동생을 지게에 지고 산에 갖다 묻으셨습니다.

그 후 얼마 되지 않아 어머니는 다시 아이를 갖게 되셨습니다. 이듬해 봄, 예쁜 공주를 낳으셨습니다. 우리 할머니께서도 무척 좋아하셨습니다. 그런데 기쁨도 잠시, 3일째가 되자 어찌된 일인지 죽은 사내 동생과 똑같이 젖을 빨지 못했습니다. 결국 7일째 되던 날 아버지께서 산에 나란히 묻으셨습니다. 두 명의 아이를 산에 묻고 내려오는 부모님의 심정이 어땠겠습니까? 특히 자신이 낳은 아이를 둘씩이나 산에 묻고, 남은 어린 저마저 언제 죽을지 모르고 목숨이 위태위태하니 어머니 심정은 또 어땠겠습니까?

당시가 1960년대였습니다. 지금은 그렇진 않지만 1960년대에는 며느리가 시어머니 얼굴을 똑바로 보지도 못하던 시절이었습니다. 대화는커녕 밥조차 다른 상에서 먹던 시절이었습니다.

그런데 집안이 이 지경에 이르자 어머니는 죽을 각오를 하시고 할머니에게 말씀드렸다고 합니다.

"어머님, 저는 시집오기 전에 처녀 때 하나님을 믿었습니다. 이제 이 집으로 시집을 온 이상 저희 가정이 예수님을 믿지 아니하면 마지막 하나 남은 아들마저 죽을 것입니다. 지금 병이 다 낫는다고 해도 반드시 먼저 죽은 애들처럼 다른 병이 들어 죽고 말 것입니다. 그래서 저는 다음 주부터 교회에 나가겠습니다. 제가 교회 나가지 않으면 저 아이도 금방 죽습니다. 그리고 어머님도 예수님을 믿으셔야 합니다."

지금까지 상황이 상황인지라 어머니의 확고한 태도에 할머니는 더 이상 반대하지 못하셨습니다. 그리고 이렇게 말씀하셨습니다.

"그래, 그럼 네가 원하는 대로 해라!"

그 후 어머니는 주위 동네 어른들과 이웃들을 전부 전도하셨다고 합니다. 그리고 무려 삼십 리나 멀리 떨어진 교회를 함께 다니셨다고 합니다. 멀어서 힘들지 않으셨냐구요? 힘들기는커녕 오히려 어머니는 교회에 가서 마음대로 예배드릴 수 있고 전도할 수 있는 것이 너무 기쁘고 감사하셨답니다. 밤마다 잠을 못 이루셨을 정도로 말입니다.

그 즈음 많은 이적과 기적도 보셨습니다. 가장 큰 기적은 어머께서 다시 교회를 나간 뒤로 그렇게 아프던 제가 다시는 의원을 찾지 않아도 될 만큼 건강해졌다는 것입니다. 그뿐 아닙니다. 그 후 무려 남동생 둘과 여동생이 생겨 저까지 모두 다섯 명의 자녀가 아주 건강하고 무럭무럭 잘 자라게 되었습니다. 할렐루야!

우리는 주님께서 택하신 백성을 절대 알아볼 수가 없습니다. 그저 겸손히 주님께서 말씀하신 대로 듣든지 듣지 않든지 오직 전하고 또 전하면 됩니다. 우리는 전도해서 교회까지만 인도하면 됩니다. 그러면 결국 주님께서 책임져 주십니다. 저희 어머니를 인도하신 것처럼 말입니다.

저희 어머니는 충청도에서 태어나셨습니다. 열여섯 살 어린 나이에 고향인 충청도를 떠나 부산으로 식모살이 가시게 되었습니다. 집에는 형제도 많고 하도 배가 고파서 그저 밥만 얻어 먹으려고 부산까지 간 것입니다. 그런데 식모살이 간 그 집이 장로님 댁이었습니다. 하나님도 모르고 예수님도 전혀 몰랐지만 주일이면 주인이신 장로님 가족이 전부 교회를 가니까 어쩔 수 없이 어머니도 따라가게 된 것입니다. 그저 배고파 식모살이를 하러 떠나온 충청도 어린 처녀를 하나님의 역사로 우상 가득한 집을 떠나 섬기러 간 장로 주인댁을 통해 교회 문지방 넘게 하신 것입니다. 할렐루야!

2년 넘게 부산에서 식모살이를 하시면서 믿음생활 하시다 다시 충청도 외가댁에 오시게 되었습니다. 그리고 신부수업 받으시다 우상 가득한 집으로 시집을 오시게 되었습니다. 믿는 딸이 우상의 굴에서 어찌할 바를 모르고 믿음마저 잃어버리고 살고 있으니 하나님께서는 어머니와 저희 가정을 구원하시려고 그동안 모든 일을 계획하신 것입니다.

어머니가 할머니에게 교회에 가시겠다고 말씀하신 이후 할머니께서는 하루 종일 피우시던 줄담배를 단번에 끊어 버리셨습니다. 또 골방에 만들었던 신당도 헐어 버리고 온갖 잡귀들을 불살라 버리셨습니다. 그 뒤로 정신이 이상하셨던 큰아버지가 돌아가시자 할머니는 교회를 다니기 시작하셨습니다. 새벽기도 갈 시간이면 목욕재계하시고 깨끗하게 풀 먹인 베적삼을 입으시곤 눈이 오나 비가 오나 삼십 리 길을 단 하루도 빠지지 않으시고 새벽기도를 다니셨습니다. 한 가지 지금도 신기하게 생각되는 일은 한글도 못 읽으시고 시간도 볼 줄 모르시는 할머니가 어떻게 매일 똑같은 시간에 일어나서 날마다 무려 20여 년을 걸어서 새벽기도를 다니셨을까 하는 것입니다. 할머니를 인도하신 하나님이 정말 대단하시지 않으십니까? 그런데 이 일이 어찌 우리 할머니에게 뿐이겠습니까?

지금도 오늘도 그 기적은 일어납니다. 바로 새벽에 일어납니다. 새벽 미명에 기도 드리신 대표적인 분이 예수님이셨습니다. 오늘날 새벽기도의 원조셨다고 할까요? 할머니께서 심으셨던 뜨거운 새벽기도에 대한 열정과 기도는 세상에서도 가장 악하고 못되게 살던 저 같은 인간마저도 하나님의 자녀가 되는 놀라운 역사로 열매를 맺고 있는 것입니다.

저희 집터는 예전에 어린아이를 산 채로 묻었다는 곳이었습니다.

그래서 예수 믿지 않는 사람들은 밤늦은 시간에 저희 집 근처엔 얼씬하지도 못했습니다. 원래 저희가 살기 전 그 집은 제 친구네 집이었습니다. 그런데 제 친구 아버지께서 싸게 사라고 해서 아버님이 제가 군대 있을 때 산 집이었습니다. 저희 할아버지가 재산을 다 탕진하고 돌아가시는 바람에 아버지께서 그 집을 싸다는 조건으로 사신 겁니다. 동네 사람들은 아무리 싸도 귀신 나온다고 기피했지만 아버지만 싼 맛에 무조건 사셨습니다. 그런데 친구 아버지께서 집을 팔게 된 동기가 그 집에서 친구 할머니가 젊은 나이에 피를 흘리고 돌아가셨고 또 얼마 되지 않아서 친구 어머니께서 비슷한 증세를 보이셨기 때문입니다. 병원에 가봤지만 병명조차 나오지 않았다고 합니다.

하지만 우리는 교회에 다녔기 때문에 하나님을 믿고 집을 샀던 겁니다. 그런데 그 후 집을 팔고 이사 간 우리 친구 어머니가 어떻게 되셨는지 아십니까? 교회 나가시고 깨끗이 병 고침 받으셨습니다. 이유는 간단합니다. 어찌 교회를 가셨겠습니까? 다른 것 다 해봐도 안 됐던 겁니다. 그러다 저희 어머니께 전도받고 교회에 다니시면서 하나님께서 치료해 주신 겁니다. 할렐루야!

할머니께서는 돌아가시기 얼마 전 아버지에게 이렇게 유언하셨습니다.

"어미가 믿는 하나님을 자식인 네가 믿지 않으면 되겠느냐. 어미가 죽고 없으면 그때는 네가 하나님을 믿어 네 자녀들이 훌륭한 그릇이 되도록 기도해야 하는데…… 내 유언이니 이제 술 담배 끊고 반드시 교회에 다녀야 한다."

그 당시 저는 군대 복무 중이었습니다. 아버지를 빼놓고는 가족 모두가 교회에 다니고 있었습니다. 하지만 아버지 역시 당신은 교회를 다니지 않아도 가족들이 교회 다니는 건 적극 도와주셨습니다.

저희 할머니는 아버지에게 무척 엄하셨습니다. 어릴 적 할머니께서 아버지의 종아리를 때리시면서 이렇게 말씀하시곤 했던 기억이 납니다.

"이놈! 불효 막심한 놈!! 내가 너 하나 보고 살고 있는데, 네가 어미 말을 듣지 않으면 되느냐?"

그리고는 다시 아버지의 귀를 잡으시고는 큰 소리로 호통치셨습니다.

"이 고얀 놈, 이 나쁜 놈, 어미가 교회 다니는데 네가 왜 교회를 안 가는데, 이 나쁜 놈아!"

그 무렵 할머니께서는 당시 유명하셨던 이천석 목사님이 계셨던 한얼산 기도원에 다니셨습니다. 거기서 큰 은혜를 받으시고 중학생과 고등학생이었던 제 동생들도 방학 때 데려가셨습니다. 두 동생들 모두 집회에 참석했다가 모두 다 방언을 받는 은사를 체험했습니다.

소천하시기 얼마 전 할머니께서는 아버지를 무릎 꿇게 하시고 어머니 인도 하에 가정예배를 드려 달라고 하셨습니다. 그 후로 날마다 어머니와 제 동생들은 방에서 예배를 드렸고 그때마다 아버지는 혼자서 마루에 무릎 꿇고 앉아 계셨습니다. 그런데 어느 날 예배를 드리던 중에 갑자기 아버지가 옆으로 '쿵' 하고 넘어지면서 기절하셨습니다.

아버지가 기절하시자 동생들은 고등학생 중학생이지만 성령이 충만하여 아버지 몸 위에 손을 얹고 각기 방언으로 간절하게 눈물로 기도 드리기 시작했습니다. 잠시 후 놀랍게도 마치 기적처럼 아버지께서는 깨어나시더니 일어나 앉으셨습니다. 그런데 이튿날 똑같은 상황이 다시 벌어졌습니다. 그날도 예배를 드리기 시작했는데 얼마 후 다시 아버님께서 '쿵' 하고 기절하셨습니다. 그리고 동생들이 다시 방언으로 기도하자 어제처럼 일어나셨습니다. 아마 입신하셨던 듯한데 아버지께서는 쑥스러우신지 아무 말씀도 하지 않으셨습니다.

드디어 삼 일째 되던 날, 가정예배를 드리던 중에 다시 아버지께서 '쿵' 하고 기절하셨습니다. 그런데 어찌된 일인지 이번에는 동생들이 힘을 다하여 눈물로 방언하며 부르짖어도 기도가 전혀 효과가 없었습니다. 당황하신 어머니께서 급히 목사님을 모셔 오셨습니다. 때마침 목사님께서는 사십일 금식기도를 마치고 내려오신 지 얼마 되지 않아 사택에 계셨습니다. 목사님은 한걸음에 우리 집으로 달려오셨습니다. 지금 보면 이 모든 것이 때와 시간을 맞춰 아버지 구원을 위해 역사하신 하나님의 손길이었습니다. 목사님께서 기도하시고 잠시 후 아버지께서는 깨어나셨습니다.

그 후 할머니께서는 78세에 소천하셨습니다. 할머니께서 소천하시던 날, 가족들은 물론 아무도 할머니의 임종을 보지 못했습니다. 이유는 주무시다가 천국의 부르심을 받으셨기 때문입니다.

그런데 놀라운 일은 장례식 때 오신 한동네에 사시던 분의 이야기를 통해 할머니께서 돌아가신 시간을 알게 되었다는 겁니다. 즉 그분이 전날 꿈에서 할머니께서 천국으로 가시는 모습을 정확히 보고 장례식에 와 동네 분들에게 간증하셨기 때문입니다. 그때서야 처음으로 우리 가족들은 물론 동네 사람들도 할머니 임종 시간을 알게 되었습니다.

사연인즉 대강 이렇습니다. 당시 우리 동네에는 남자 박수무당 한 분이 살고 계셨습니다. 장례식에 와 말씀하신 분은 바로 그 박수무당의 형님이셨습니다. 이분은 신앙이 없이 사는 무교셨는데 할머니께서 돌아가시던 날, 출가한 따님 댁을 방문하시게 되었습니다. 그날 밤 따님 댁에서 자다가 새벽녘 비몽사몽간에 꿈을 꾸었습니다. 그리고 장례식에 와서 동네 사람들 앞에서 꿈을 간증했습니다.

"어젯밤 꿈속에서 할머니네 집 지붕 위로 뭔가 내려오는 거예요. 자세히 봤더니 금색의 삼태기더라구요. 그러더니 하얀 날개 달린 사람들이 내려와 할머니를 모시고 올라갔어요. 꼭 천사 같았어요. 참 신기한 일이라…… 그러고 깨보니 새벽이었어요."

하나님의 섭리는 참 섬세하고도 놀랍습니다. 만약 할머니의 천국 가는 모습을 교회 다니는 분에게 보여 주시어 간증하게 하셨다면 사람들이 믿지 않을까 봐, 신앙은커녕 아예 박수무당 형을 통하여 역사하셨던 겁니다. 할렐루야! 그분은 밭에서 일하시다가 교회 다녀오시는 저희 할머니를 만나면 늘 놀리듯 그러셨답니다.

"아니 할머니, 교회 다니면 밥이 나옵니까, 떡이 나옵니까? 그 시간에 밭에서 일이나 하시지 뭐 하러 교회를 다니십니까?"

한마디로 교회 다니는 사람을 조롱하고 핍박했던 분이었습니다. 평소 이분의 별명이 충청도 말로 '진짜배기'였습니다. 그만큼 성격이 정확하다는 뜻입니다. 그런데 놀랍게도 하나님께서는 그런 분을 통해 장례식에 온 동네 사람들 앞에서 하나님의 일을 하고 계셨던 겁니다. 다른 동네 분들이 그분에게 말했습니다.

"진짜배기, 이번에 자네가 천국 가시는 광수 자당님의 모습을 봤으니 그러고도 그분이 믿던 예수님을 믿지 않으면 아마 자네는 금방 죽을 걸세."

하지만 그분은 그 후 고집스럽게 자기 주먹을 믿고 살다가 동네 분 말씀대로 제가 제대하기도 전에 일찍이 돌아가셨습니다. 이처럼 확실하게 예수를 믿어야 천국 간다는 걸 보여 주신 할머니의 간곡한 유언대로 아버지께서는 할머니 장례식 날부터 본격적으로 예수님 영접하시고 하나님의 사람이 되셨습니다. 할렐루야!

할머니께서 천국 가신 지 얼마 되지 않아 아버지께서도 한얼산 기도원 이천석 목사님께로부터 큰 은혜를 받고 새 사람이 되셨습니다. 얼마 뒤 방언까지 받으시고 늦게 예수님 믿으신 것을 크게 후회하시며 그 후 칠년 동안 하루도 새벽기도를 거르지 않고 사시다가 소천하셨습니다.

아버지께서 술 담배를 다 끊으시고 본격적으로 예수 믿으신 지 얼마 되지 않았을 때였습니다. 독한 담배를 평생 얼마나 피우셨는지 목구멍에서 피가 올라왔습니다. 병원에 가서 진찰해 보니 폐암이라고 했습니다. 새벽기도를 다녀오셔서 두 분이 다시 서울 큰 병원에 가셨는데 검사 결과 폐암 말기라고 했습니다. 그리고 이제 3개월 이상은 살 수 없으니 마음을 굳게 먹고 주변을 정리하라고 하셨습니다.

그때 어머니께서 우시면서 말씀하셨습니다.

"이제 예수 믿으신 지 얼마 안 됐는데…… 막 은혜 받고 방언의 은사도 받았는데…… 예수님 위해 아무것도 못하고, 이제 새벽에 자녀 위해 기도로 심고 재단도 쌓고 가셔야 하는데…… 하나님 어떻게 해요……"

슬프게 우시는 어머니의 모습을 보고 있던 아버지께서 그러셨답니다.

"이제 하나님만 믿고 의지해야죠. 내일 기도원으로 올라갈게요."

아버지는 먼저 된 자가 나중 되고 나중 된 자가 먼저 된다고 기도원에 다니시면서 하나님께 기도하셨습니다. 원래 의사는 3개월 정도밖에 사실 수 없다고 했지만 제가 제대하여 집에 왔을 때 아버지는 건강한 모습이셨습니다. 기도원에 도착하니 아버지께서는 저를 반갑게 맞아주셨습니다. 그리고 금식기도를 드리고 목사님께 안수를 받는 순간 화장실에 가서 핏덩어리를 쏟아냈다고 말씀하셨습니다.

이어 하나님께서 이제 다 고쳐 주셨다며 기뻐서 춤을 추고 계셨습니다. 집에 오신 아버지께서는 변함없이 새벽기도에 열심히 다니셨습니다.

병원에 다녀온 지 1년이 지났을 무렵 아버지께서는 병원에 다시 검사를 하러 가셨습니다. 그때 담당 의사가 깜짝 놀라더랍니다. 자기가 3개월밖에 살지 못한다고 했던 환자가 1년 후 아직 살아 검사를 받으러 왔기 때문이었습니다. 다시 엑스레이를 찍었는데 의사가 한동안 말도 못하고 심각한 표정으로 필름을 보며 입을 막고 서 있었습니다. 어머니가 걱정이 되어 의사 선생님께 조심스레 물으셨답니다.

"상태가 좋지 않은가 보죠?" "아니 아주머니 이럴 수가 있습니까? 어떻게 이런 일이 있을 수가 있죠? 깨끗해요. 하나도 없어요. 어린아이와 같이 새 살입니다. 도대체 어디 가서 치료하셨습니까? 이것 좀 보세요. 먼저 전에 찍었던 엑스레이는 새까맣게 다 죽었는데 도대체 어느 병원에서 치료하셨습니까?"

할렐루야! 하나님께서 이루신 기적입니다. 새벽기도와 금식으로 하나님만을 의지하시니 하나님께서 고쳐 주셨던 것입니다. 할렐루야!

하나님께서는 이처럼 사람이 할 수 없는 것을 행하십니다. 우리에게 믿음만 있다면, 온전히 주님을 믿고 의지할 때 반드시 기적은 일어납니다.

그 후 아버지께서는 유언처럼 제게도 "예수를 열심히 믿어야 한다. 그래야 앞길이 형통하다"고 말씀하셨습니다. 마치 할머니께서 아버지에게 하셨던 그대로입니다. 하지만 저는 그냥 건성으로만 답할 뿐 그 후로도 오랫동안 부모님의 뜻을 저버렸습니다.

제 아내가 첫 아이를 임신하고 5개월 쯤 됐을 무렵, 아버지께서 소천하시면서 아내에게 이렇게 유언하셨다고 합니다.

"반드시 네 남편이 예수를 잘 믿게 해라. 그렇지 않으면 가정이 복을 받을 수 없다. 나는 늦게 예수를 믿은 것이 너무 후회스럽다."

그 후 아버지께서 소천하셨을 때 할머니 때와 같은 일이 똑같이 일어났습니다. 아버지께서 삼태기를 타고 천국 가시는 모습을 당시 같은 교회를 다니시던 정육점을 하시는 집사님의 꿈을 통해 보여주셨습니다. 할렐루야!

하나님께서는 폐암 말기로 3개월의 시한부 인생이셨던 아버지를 8년 동안이나 수명을 연장시켜 주시고 저를 위해 새벽기도를 심게 하셨습니다. 오늘날 그 기도 열매와 하나님 우편에 앉아 계신 우리 주 예수 그리스도께서 중보기도 드리심으로 저같이 부족한 사람도 하나님께 특별히 훈련 받아 쓰임받고 있는 것입니다. 반드시 선친들이 심으면 후손들이 거두는 것입니다.

만약 제가 저를 위해서만 살았다면 하나님께서 벌써 데려가셨을지 모릅니다. 마음이 워낙 강퍅했기에 저는 할머니와 아버지의 믿음을 눈으로 보면서도 전혀 깨닫지 못하고 오랫동안 악한 영에게 사로잡혀 살았습니다. 그뿐이겠습니까? 날마다 하나님의 영광을 가리는 일을 우선적으로 하고도 전혀 회개하지 못하고 살았습니다.

1996년 다른 기업은 다 망해도 저만은 살아남을 수 있다는 자신감으로 오만하기 짝이 없는 시간을 보내고 있었습니다. 그때 저는 하나님을 믿지 않고 제가 잘나서 사업이 잘 되고 있는 줄 알고 살았습니다. 하루하루를 거의 술로 살면서 어느 한 해는 꼬박 1년을 하루도 거르지 않고 술을 먹은 적도 있습니다. 만약 그때 대신 새벽기도를 열심히 드리고 주님 뜻대로 사업을 했다면 어땠을까요? 그랬다면 하나님께 정말 큰 영광을 돌렸을 텐데 아무것도 아닌 제 자신만 믿고 술만 먹고 있었으니 하나님이 보시기에 얼마나 안타까우셨겠습니까? 하나님 잘못했습니다. 용서해 주십시오.

이 글을 읽는 분 중에 혹시 예수님을 믿으면서도 사업한답시고 지난날의 저처럼 술과 타협하며 입술로만 주님, 주님 하시는 분은 안 계신지요? 만약 그렇다면 빨리 주님 의지하시고, 주님 기뻐하시는 대로 순종해야만 합니다. 비록 그 내용이 합리적인 내 생각으로는 전혀 말도 안 되는 것 같아도 미친 척, 죽으면 죽으리라 하는 각오로 순종하십시오. 반드시 지금 하고 계신 일이 형통하실 줄 믿습니다. 저처럼 늦게 깨달으면 그만큼 흐른 세월이 후회스럽습니다.

여러분! 그동안 예수님 뜻대로 살지 못한 삶을 이제 우리 모두 회개합시다. 그리고 새로운 가나안을 향해 나아갑시다. 콩나물 전도법은 단순히 콩나물을 갖고 전도하는 것을 의미하진 않습니다. 마치 천국을 콩나물 시루처럼 하나님의 백성으로 북적거리게 하는 일, 하나님께서 가장 기뻐하시는 그 일을 위해 목숨을 거는 전도를 의미하는 것입니다.

하나님께서 사랑하시는 여러분, 예수님께서 십자가를 지신 이유는 분명합니다. 우리 인간들 중에는 그 누구도 십자가를 대신 질 수 없었기 때문입니다. 십자가의 의미는 죄값을 대신하는 것입니다. 그러기 위해서는 죄가 전혀 없는 사람만이 그 죄값을 치를 수 있습니다. 그런데 이 세상에 그 누구도 우리 죄를 대신해 십자가를 질 수 있을 만큼 죄가 없는 인간은 없었기 때문입니다. 그래서 인간의 죄를 사하시기 위해 죄가 전혀 없는 신(神), 유일하신 신(神)으로 하나님께서 그 아들을 인간의 육신을 입고 세상에 보내셨던 것입니다. 인간의 죄를 없이 하기 위해서는 반드시 신이 아닌 인간 중 한 사람이 그 죄를 대신해야 했기 때문입니다. 그래서 하나님께서는 당신 자신보다 더 보내기 힘드셨을 외아들을 세상에 보내셨습니다. 단 하나밖에 없는 외아들을 보내셨습니다. 바로 저와 여러분을 위해서 말입니다.

사랑하는 여러분, 우리는 하나님께서 그토록 사랑하시는 존재들입니다. 우리는 하나님의 자녀들입니다. 왕 같은 제사장들입니다. 마귀에게 끌려 다니지 마십시오. 하나님께서 예수의 이름으로 넉넉히 이길 수 있는 능력을 이미 주셨습니다. 이제 예수의 이름을 부름으로 그리고 예수를 온전히 믿고 의지함으로 하나님 아버지의 마음을 시원케 하는 여러분과 제가 됐으면 합니다. 그리고 하나님의 꿈을 이뤄 드리는 효자인 여러분과 제가 되었으면 합니다. 주후 2천년이 지난 지금도 아버지의 꿈은 여전히 단 하나! 바로 천국을 콩나물 시루로 만드는 일, 하나님의 자녀들로 붐비게 만드는 일, 그것이 바로 콩나물 전도입니다. 마지막 때 여러분과 저를 통해 온 땅에 하나님의 이름이 울려 퍼지길 기도합니다. 이것이 바로 콩나물 전도입니다.

**천국을 콩나물 시루로 만드는
콩나물 전도법 1**

초판 1쇄 펴낸 날 2012년 4월 25일

펴낸이 • 한재섭 | 지은이 • 한재섭
펴낸곳 • 천국의 동산 | 등록 • 제2012-000041호
주소 • 경기도 성남시 분당구 미금일로 57 609동 603호
전화 • 031-719-0108

공급처 • (주)비전북
전화 • 031-907-3927 | 팩스 • 031-905-3927

ISBN • 978-89-968850-0-9 03230
값 • 11,000원

· 잘못된 책은 바꾸어 드립니다.
· 서면에 의한 저작권자의 허락 없이는 복제를 금합니다.